데이터 과학 입문과 토픽

Data Science: Introduction and Topics

자유아카데미

머리말

데이터 과학의 저변이 넓어짐에 따라 새로운 학습자들이 크게 증가하였습니다. 이 책은 통계학 이외 전공자들을 위한 《데이터 과학》 학습서입니다.

데이터 과학을 제대로 학습하기 위해서는 시작점인 통계학 기초부터 최종 응용인 통계적 모형에 이르기까지를 단계별로 밟는 것이 원칙적이긴 한데 많은 시간과 큰 노력이 요구됩니다. 새로운 학습자들은 타 분야 전공자들이기 쉽기에 그런 정통 경로를 요구하는 것은 무리입니다. 이에 100 쪽으로 전체를 훑어볼 수 있도록 **1부 입문 편**을 썼습니다. 입문 편에서는 데이터 탐색과 통계적 추론의 기초, 회귀와 분류의 선형모형, 나무 모형과 랜덤 포레스트, 군집화를 다루었습니다. 입문 편을 학습하기 위해선 별다른 통계학적 준비가 필요하진 않습니다. 걸리는 부분이 있는 곳은 살짝 건너뛰어도 지장이 없을 것입니다. 다만, R 프로그래밍에 대한 준비가 어느 정도 되어 있음을 전제하였습니다. 필요하다면 저자의 **R 프로그래밍** (자유아카데미, 2017)을 공부하세요.

2부 토픽 편은 저자의 **응용데이터분석** (Applied Data Analysis Using R; 자유아카데미, 2014)의 증보분입니다. 신경망 neuralnet, 일반화선형모형의 정형화 glmnet, 변수군집화 ClustOfVar, 가우스 혼합모형 mclust, 사회네트워크의 중심인물 key player, G 부스팅 XGBoost 등의 새 토픽을 넣었습니다. 따라서 토픽 편은 정규 학습서라기보다는 필요한 경우 찾아 공부하는 참고서입니다. 1부와 2부는 문체도 다릅니다. 기술적 난도가 어느 정도 있으니 1부 학습을 마치고 곧바로 2부에 가는 것은 무리입니다. 시일을 묵힌 뒤에 필요한 경우 골라서 공부하세요.

데이터 과학에 뛰어든 여러분들이 아무쪼록 이 책으로 도움을 얻기를 바랍니다. 이 책에 쓰인 R 스크립트와 데이터 파일은 출판사 사이트에서 내려 받을 수 있습니다 (http://www.freeaca.com/). 문제가 있는 경우 제게 e-메일로 요청하세요.

고려대학교 연구실에서

허 명 회 드림, e-mail: stat420@korea.ac.kr

차 례

1부. 입문 편

1장. 수치형 데이터의 탐색

2장. 변수변환

3장. 범주형 데이터의 탐색

4장. 통계적 추론

5장. 회귀모형

6장. 분류모형

7장. 나무 분류 및 회귀

8장. 군집화

2부. 토픽 편

9장. 신경망 "neuralnet"

10장. 일반화선형모형의 정형화 "glmnet"

11장. 변수 군집화 "ClustOfVar"과 "ClustVarLV"

1부. 입문 편

1장. 수치형 데이터의 탐색

이 장에서는 수치형 데이터를 탐색하는 표준적 방법을 다룹니다. 히스토그램으로 분포의 모습을 살펴보고 다섯 수치 요약으로 압축된 정보를 만듭니다. 더불어 정규분포와 특이점, 상자그림 등 데이터 기술(description)의 기본을 다룹니다.

1.1 수치형 변수의 분포

<표 1>은 27명 조선 왕의 수명(life)과 재위기간(period)의 데이터입니다. 이 보기에게 관측의 개체는 왕이며 측정된 특성은 수명과 재위기간입니다. 대다수의 데이터 분석은 이처럼 n개 개체(unit) 각각에서 p개 특성(feature; 변수, variable)의 관측 값들이 직사각 형태로 배열된 구조물을 다룹니다. 이런 직사각 형태의 데이터를 "데이터 프레임(data frame)"이라고 합니다. <표 1>의 데이터 프레임에서 $n=27$이고 $p=3$ 입니다.

```
> chosun_kings <- read.table("chosun kings.txt", header=TRUE)
> str(chosun_kings)
'data.frame':   27 obs. of  3 variables:
 $ name  : Factor w/ 27 levels "경종","고종",..: 23 20 24 10 ...
 $ life  : int  73 62 55 53 38 16 51 20 37 30 ...
 $ period: int  7 2 18 32 2 2 13 1 25 12 ...
```

<표 1>의 데이터 프레임 "chosun_kings"에서 왕의 수명(life)을 봅시다. 앞에서부터 73, 62, 53, 52, ... 등입니다. 이렇듯 수치 값을 취하는 변수에 대하여 데이터 사이언티스트가 취할 첫 번째 작업은 히스토그램(histogram) 그리기입니다. 그 결과를 <그림 1>에서 보세요.

```
> attach(chosun_kings)
> hist(life, xlab="life", right=FALSE, main="chosun kings")
```

<표 1> 조선 왕의 수명과 재위기간 (“chosun kings.txt”)

name	life	period
태조	73	7
정종	62	2
태종	55	18
세종	53	32
문종	38	2
단종	16	2
세조	51	13
예종	20	1
성종	37	25
연산	30	12
중종	56	39
인종	30	1
명종	33	22
선조	56	41
광해	66	15
인조	54	27
효종	40	10
현종	33	15
숙종	59	46
경종	36	4
영조	82	52
정조	48	24
순조	44	34
헌종	22	15
철종	32	14
고종	67	43
순종	52	4

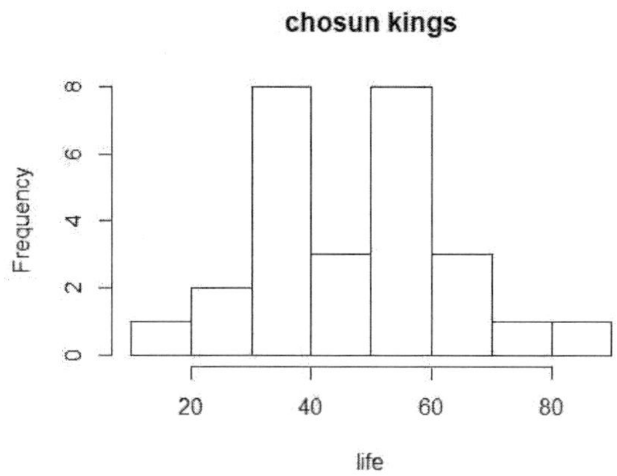

<그림 1> 조선 왕의 수명: 히스토그램

히스토그램에서 다음과 같이 많은 것들을 볼 수 있습니다.

- 데이터 값의 범위(range): 조선 왕의 수명(life)은 0부터 100 사이에 퍼져있다. 정확히 말하자면 최소값은 0 이상이고 최대값은 100 미만이다.
- 빈도집중영역(modal region): <그림 1>에서는 [30, 40)과 [50, 60), 즉 30대와 50대이다. 특이하게도 그 사이인 [40, 50), 즉 40대는 빈도가 작다.
- 분포의 대칭성 여부: 이 사례에서 분포가 대체적으로 대칭적이다.

예 하나를 더 보기로 합시다. <그림 2a>는 조선 왕의 재위기간(period)에 대한 히스토그램입니다. 그런데 너무 밋밋하여 구간의 수를 늘려 다시 그렸습니다.

```
> hist(period, xlab="period", right=FALSE, main="chosun kings")
> hist(period, xlab="period", right=FALSE, nclass=10, main="chosun kings")
```

<그림 2b>의 히스토그램에서는 다음을 볼 수 있습니다.

- 데이터 값의 범위(range): 왕의 재위기간이 50년을 넘은 예가 있다 (영조).
- 빈도집중영역(modal region): 5년 미만이 가장 많다.
- 분포의 대칭성 여부: 분포는 오른 쪽으로 하강하는 지수함수 형이다. 분포가 오른 쪽으로 기운 형태이다 (skewed to the right).

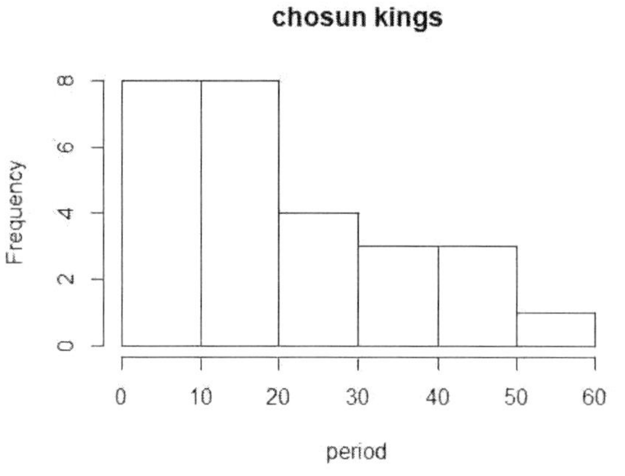

<그림 2a> 조선 왕의 재위기간 (a): 히스토그램

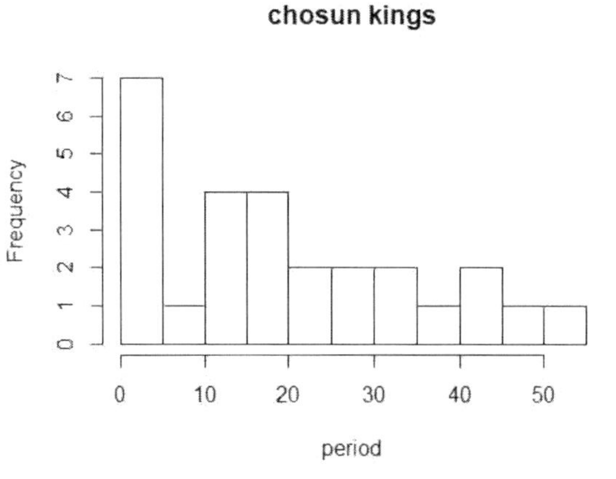

<그림 2b> 조선 왕의 재위기간 (b): 히스토그램

1.2 다섯 수치 요약

개별 수치형 변수를 몇 개의 수치로 줄이는 요약은 데이터의 축약에 꼭 필요한 작업입니다. 조선 왕들은 대략 몇 년 정도 살았는지, 대략 몇 년 정도 재위하였는지 말입니다.

수치형 변수에 대하여 으뜸 되는 요약은 중간값(median, 중위수) 입니다. 일변량 데이터 $x_1, x_2, \cdots, x_n$에 대한 중간값 M은

1) $n\,(=2m-1)$이 홀수인 경우, $M = x_{(m)}$
2) $n\,(=2m)$이 짝수인 경우, $M = \frac{1}{2}(x_{(m)} + x_{(m+1)})$

로 정의됩니다. 여기서 $x_{(i)}$는 $x_1, x_2, \cdots, x_n$을 순서 정렬하였을 때 i번째 값입니다 (즉, $x_{(1)} \leqq x_{(2)} \leqq \cdots \leqq x_{(n)}$). 따라서 중간값은 말 그대로 딱 중간에 있습니다. 앞에서 접한 조선 왕 수명과 재위기간의 중간값은

```
> median(life)
[1] 48
> median(period)
[1] 15
```

입니다. 즉 중간 수명은 48세이고 중간 재위기간은 15년입니다.

중간값은 데이터의 중심(center)을 알려주는 요약입니다. 그런데 데이터의 산포(散布, 퍼짐; spread)도 정보로서 상당히 의미 있습니다. 산포 요약으로서 2개 사분위수(quartile) Q_1과 Q_3의 활용을 추천합니다.

데이터 값을 순서 정렬하였을 때, Q_1과 Q_3는

Q_1 (아래 4분위수): 작은 값 쪽으로 1/4 위치에 있는 데이터 값,
Q_3 (위 4분위수): 큰 값 쪽으로 1/4 위치에 있는 데이터 값

으로 정의됩니다. 개념적으로는 명확하지만 실제 계산에서는 여러 계산공식이 있습니다. 그러나 실제 데이터에 적용되었을 때 공식 간 차이가 사소하므로 더 이상 파고들지 않겠습니다.

조선 왕 수명과 재위기간의 2개 사분위수는 다음과 같습니다.

```
> quantile(life, prob=c(0.25, 0.75))
25% 75%
 33  56
> quantile(period, prob=c(0.25, 0.75))
 25%  75%
 5.5 29.5
```

대략 말하자면, 왕의 절반은 33세-56세 정도 살았고 4명 중 1명은 33세보다 작게, 4명 중 1명은 56세보다 더 살았습니다. 왕의 절반은 6년에서 29년 사이 재위하였고 4명 중 1명은 5년 이하, 4명 중 1명은 30년 이상 재위하였습니다.

최소값(minimum)과 최대값(maximum)은 데이터 값의 범위(range)를 알려줍니다. 두 값이 불안정하기는 하지만 산포에 대한 정보가 됩니다.

```
> range(life)
[1] 16 82
> range(period)
[1]  1 52
```

이제까지 소개된 수치요약은 모두 다섯 개입니다. 즉 중간값, 위·아래 사분위수, 최소값·최대값입니다. 이들이 다섯 숫자 요약(five number summary)입니다.

```
> quantile(life, prob=c(0, 0.25, 0.5, 0.75, 1))
  0%  25%  50%  75% 100%
  16   33   48   56   82
> quantile(period, prob=c(0, 0.25, 0.5, 0.75, 1))
  0%  25%  50%  75% 100%
 1.0  5.5 15.0 29.5 52.0
```

탐구 1. 여러분이 수강한 과목에서 중간시험의 결과가 나왔는데 다섯 숫자 요약이 (16, 33, 48, 56, 82)점이었다고 합시다 (100점 만점). 52점을 받은 A는 어느 정도 한 것일까요? 60점을 받은 B는 어느 정도 한 것일까요?

1.3 정규분포, 평균과 표준편차

정규분포(normal distribution, Gaussian distribution) $N(\mu, \sigma)$의 밀도함수는

$$f(x;\mu,\sigma) = \frac{1}{\sqrt{2\pi}\,\sigma}\exp\left\{-\frac{1}{2\sigma^2}(x-\mu)^2\right\},\quad -\infty < x < \infty$$

입니다 $(\sigma > 0)$. 이 분포가 통계학에서 사용 빈도가 가장 큰 분포일 것입니다.[1)]

<그림 3>은 "표준정규분포" $N(0,1)$의 경우인데, 일반적으로 이 분포의 밀도는 $x=\mu$를 중심으로 대칭이고 $x=\mu\pm\sigma$에 변곡점이 있습니다. 또한 다음과 같은 확률을 갖습니다.

- $P\{-0.675\sigma \leqq X-\mu \leqq 0.675\sigma\} = 0.5,$ (*)
- $P\{-\sigma \leqq X-\mu \leqq \sigma\} = 0.683,$
- $P\{-1.96\sigma \leqq X-\mu \leqq 1.96\sigma\} = 0.95,$
- $P\{-2.58\sigma \leqq X-\mu \leqq 2.58\sigma\} = 0.99.$

수리통계학에서 잘 알려진 사실은, $x_1, x_2, \cdots, x_n$이 정규분포 $N(\mu, \sigma)$로 생성된 경우, 미지의 파라미터 μ와 σ에 대한 최량의 추정치는 표본평균(sample mean)과 표본표준편차(sample standard deviation), 즉

$$\hat{\mu} = \bar{x} \ \left(= \frac{1}{n}\sum_{i=1}^{n} x_i\right),\qquad \hat{\sigma} = s \ \left(= \sqrt{\frac{1}{n-1}\sum_{i=1}^{n}(x_i-\bar{x})^2}\right),$$

입니다. 종합하면, 관측값 $x_1, x_2, \cdots, x_n$이 정규분포를 "잘" 따르는 경우, 분포의 중심 μ를 $\bar{x}$로 추정하고 산포 σ를 s로 추정하는 것이 최선입니다.

조선 왕의 수명과 재위기간의 평균과 표준편차는 각각 다음과 같습니다.

```
> round(c(mean(life), sd(life)), 1)
[1] 46.1 16.7
> round(c(mean(period), sd(period)), 1)
[1] 19.3 15.4
```

탐구 2. 조선 왕의 평균수명 46.1세는 무엇을 의미합니까, 표준편차 16.7은?

1) 그렇다고 가장 많은 사례에 정규분포가 적용된다고 말할 수 없습니다.

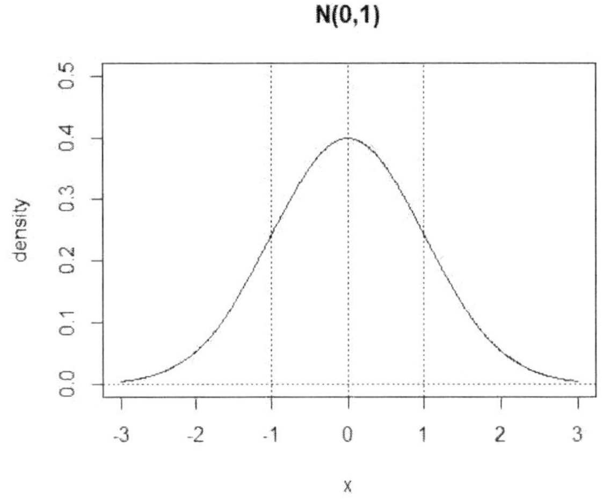

<그림 3> 표준정규분포 $N(0,1)$의 밀도함수

<그림 1>의 수명 분포가 대칭적이기는 하지만 정규분포와는 뚜렷한 차이가 있어 보인다는 점을 감안하여 답할 필요가 있습니다.

일반적으로, 표본평균 $\bar{x}$와 표본표준편차 s는 "로버스트"(robust, 튼실)하지 않습니다. 무슨 이야기냐면, 데이터 값 $x_1, x_2, \cdots, x_n$의 일부가 흔들리게 되면 그 영향이 $\bar{x}$와 표본표준편차 s에 쉽게 전이됩니다. 이것은 통계적 정보의 불안정성을 의미하므로 좋지 않습니다. 반면, 중간값 M과 위·아래 4분위수는 상대적으로 로버스트합니다. 이에 따라 정규분포 $N(\mu, \sigma)$의 2개 파라미터 μ와 σ를

$$\tilde{\mu} = M, \quad \tilde{\sigma} = \frac{1}{1.35}(Q_3 - Q_1)$$

로 추정하는 것이 "로버스트"성의 관점에서 바람직합니다.2)

조선 왕 수명의 평균과 표준편차에 대한 로버스트 추정치는 다음과 같습니다.

```
> q.life <- quantile(life, prob=c(0.25, 0.5, 0.75))
> round(unname(c(q.life[2], (q.life[3]-q.life[1])/1.35)), 1)
[1] 48 17
```

2) 1.35로 나누는 이유는 앞 페이지의 수식 (*)와 관련이 있습니다.

재위기간에 대하여 μ와 σ는 아래와 같이 추정될 수는 있지만 별 의미가 없습니다. 이 변수의 분포가 전혀 정규적이지 않기 때문입니다.

```
> q.period <- quantile(period, prob=c(0.25, 0.5, 0.75))
> round(unname(c(q.period[2], (q.period[3]-q.period[1])/1.35)), 1)
[1] 15.0 17.8
```

1.4 특이점과 상자그림

어떤 데이터 값은 주 덩어리로부터 "툭" 떨어져 나와 있는 경우가 있습니다. 이런 데이터 값이 특이점(outlier, 이상점)입니다. 개념적으로는 그렇지만 실제로 어떤 특정 값을 경계로 해야 하는데 이것의 규정이 관건입니다.

특이점을 규정하는 일반적 방법은 다음과 같습니다.

[1] 정상적인 데이터 값들이 특정 유형의 분포 $F(x;\theta)$로부터 생성된다고 전제합니다 (여기서 θ는 unknown parameter).

[2] θ를 적합해냅니다 (추정치를 $\tilde{\theta}$로 표기). "로버스트"한 추정치가 선호됩니다.

[3] 확률분포 $F(x;\tilde{\theta})$의 외곽 1% 영역에 들어가는 데이터 값을 특이점으로 선언합니다.

정상적 분포의 특정 유형이 정규분포 $N(\mu,\sigma)$인 경우 $(\theta=(\mu,\sigma))$, "상자그림(box plot)"의 특이점 규정은 다음과 같습니다.

[1] $x_1, x_2, \cdots, x_n$ 중 정상적인 값들은 $N(\mu,\sigma)$로부터 생성된다고 전제 합니다.

[2] $\tilde{\sigma}=(Q_3-Q_1)/1.35$.

[3] 정규분포 $N(\mu,\sigma)$의 상 · 하위 0.5% 분위수는 $cut_{0.005}=\mu\pm 2.58\sigma$이고

$$cut_{0.005}=\mu\pm 2.58\sigma=\mu\pm 0.675\sigma\pm 1.905\sigma$$

입니다. 그런데 $\mu\pm 0.675\sigma$는 Q_1과 Q_3에 의하여, 1.905σ는 $1.905(Q_3-Q_1)/1.35$, 즉 $1.4(Q_3-Q_1)$로 추정되므로 $cut_{0.005}$의 아래 · 위 값은

$$Q_1-1.4(Q_3-Q_1),\ Q_3+1.4(Q_3-Q_1) \tag{1}$$

입니다. 실제로는 식 (1)에서 1.4를 1.5로 대치시켜 특이점 경계를 약간 더 바깥쪽에 잡습니다. 이에 따라 "상자그림(box plot)"에서 다음 두 값의 바깥이면 특이점으로 규정합니다.

$$Q_1 - 1.5\,(Q_3 - Q_1),\ \ Q_3 + 1.5\,(Q_3 - Q_1) \qquad (2)$$

수치 예: 다음은 "R 프로그래밍" 과목에서 수강생 46명의 탐구발표 점수입니다.

5	10	16	11	12	10	8	9	13	10
13	13	4	14	12	9	7	4	24	4
4	12	8	13	4	11	4	5	3	6
12	7	13	7	9	9	13	10	9	10
8	6	10	8	7	6				

상자그림 방법에 따라 특이점이 있는지 살펴봅시다. 우선 2개의 사분위수를 구합니다: $Q_1 = 6.25$, $Q_3 = 12$. 따라서 $Q_3 - Q_1 = 5.75$. (2)의 두 값은

$$Q_1 - 1.5\,(Q_3 - Q_1) = 6.25 - 1.5*5.75 = -2.375,$$

$$Q_3 + 1.5\,(Q_3 - Q_1) = 12 + 1.5*5.75 = 20.625$$

입니다. 하한은 음수이므로 이 값보다 작은 점수는 없습니다. 상한이 20.625인데 이 값보다 큰 점수가 하나 있습니다. 19번째 데이터 값 "24"가 특이점!

```
> project <- read.csv("project scores.csv", header=TRUE)
> str(project)
'data.frame':   46 obs. of  1 variable:
 $ score: int  5 10 16 11 12 10 8 9 13 10 ...
> q <- quantile(project$score, prob=c(0.25,0.5,0.75))
> lower <- q[1] - 1.5*(q[3]-q[1])
> upper <- q[3] + 1.5*(q[3]-q[1])
> c(lower, upper)
   25%    75%
-2.375 20.625
> project$score[project$score < lower | project$score > upper]
[1] 24
```

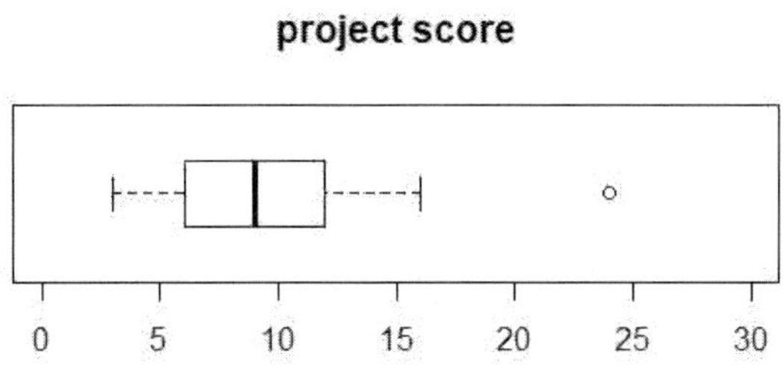

<그림 4> 특이점이 표시된 상자그림

탐지된 특이점을 어떻게 처리해야 할까요? 여러 가능성을 고민해봐야 합니다.

1) "엉터리" 값: 측정이나 관측, 또는 입력에서의 오류일 가능성이 있습니다.
2) "특별한" 값: 이런 케이스에 대한 탐구가 "노벨" 상에 이르기도 합니다.

전자의 경우로 판단된다면 제대로 된 값을 구하여 넣거나 결측(missing)으로 처리하는 것이 좋습니다. 후자의 경우로 판단된다면 그 값을 존중하여야 합니다.[3)]

이제 "상자그림"(box plot)을 소개하고자 합니다.[4)] <그림 4>를 보세요.

1) 양 끝이 아래 사분위수와 위 사분위수인 상자를 그립니다. 중간값(median) 위치에 상자 중앙선을 넣습니다.
2) 특이점 경계 안쪽에서 위치하되 경계와 가장 가까운 2개 자료 점과 상자의 양 끝(사분위수)을 끈으로 연결합니다 (2개의 선이 나타남).
3) 특이점이 있는 경우 해당 값을 점으로 넣습니다.

```
> boxplot(project$score, horizontal=TRUE, ylim=c(0,30), main="project score")
```

상자그림에는 다섯 수치 요약(five summary)이 반영됩니다. 추가로 특이점의 존재 여부도 알 수 있습니다. 다음 장에서 집단 간 비교를 다룰 터인데 거기서 상자그림이 대활약을 합니다.

3) 실제 24점을 받은 학생은 특출한 경우여서 20점 만점에 24점을 취득하였습니다.
4) 이 그림은 EDA (Exploratory Data Analysis, 탐색적 데이터 분석), 더 넓게는 데이터 사이언스의 선구자인 John W. Tukey (1915-2000)가 제안하였습니다.

1.5 집단 간 비교

데이터 분석의 가장 큰 유형은 집단 간 비교(comparison between groups)입니다. 집단 A와 집단 B의 수치들을 비교하여 평가하자는 것입니다. 이로부터 알게 되는 것들이 현실적으로 중요한 의미가 있기 때문입니다.

MASS 팩키지의 Boston 데이터는 미국 보스턴 시의 506개 블록별 중간 주택가격 medv와 관련 정보를 담고 있습니다. <그림 5>는 medv의 히스토그램입니다. 가격이 0부터 50 사이에 걸쳐 있는 것을 볼 수 있습니다. "왜" 이렇듯 차이가 있을까요? 주택가격이 같지 않은 원인을 찾자는 것입니다. Boston 데이터를 살펴보면 도심으로부터의 거리 dis가 있는 것을 볼 수 있습니다. 도심에 가까운 구역은 슬럼화 되는 경향이 있으므로 도심에서 떨어진 구역에 비교하여 medv가 작을 수 있겠습니다. 이를 확인해봅시다.

편의상 도심으로부터의 거리 dis를 중간값에서 끊어 2개 수준의 인자형 변수로 놓습니다 (-> dis.1). dis.1이 작은 집단("inner")과 큰 집단("outer")의 다섯 수치 요약은 다음과 같습니다.

```
> library(MASS)
> data(Boston); names(Boston); attach(Boston)
> hist(medv, main="Boston House Price")
> dis.1 <- cut(dis, breaks=quantile(dis, prob=c(0,0.5,1)),
             labels=c("inner","outer"))
> prob <- c(0,0.25,0.5,0.75,1)
> lapply(tapply(medv, dis.1, quantile, prob=prob), round, 1)
```

tapply(medv, dis.1, quantile, prob=prob) 함수의 적용결과는

```
$inner                                $outer
  0%  25%  50%  75% 100%                0%  25%  50%  75% 100%
 5.0 13.6 18.4 22.6 50.0              12.7 20.3 23.3 28.7 50.0
```

<그림 5> 보스턴 시의 블록별 중간주택가격: 히스토그램

입니다. 도심 집단 "inner"에 비해 외곽 집단 "outer"의 Q1, Med, Q3 등이 모두 크게 나타났습니다. 숫자로도 그렇기는 하지만 이런 것은 상자그림으로 보는 것이 효과적입니다. <그림 6>을 보세요.

```
> boxplot(medv ~ dis.1, main="Boston House Price")
```

이처럼 수치형 데이터를 집단 간 비교하는 경우 집단 별 다섯 수치로 요약하고 상자그림을 그려보면 집단 간 차이를 쉽게 볼 수 있습니다. <그림 6>의 상자그림을 보면 도심 집단 "inner"와 외곽 집단 "outer" 각각에서 특이점들이 다수 발견됩니다. 상자그림이 집단 간 비교를 위해 매우 효과적인 시각화 도구이긴 하지만 개별 집단 내 집락성에 대한 정보는 주지 않습니다.

이런 점을 보완하기 위하여 그린 것이 <그림 7>의 히스토그램입니다. 도심 집단 "inner" 히스토그램과 외곽 집단 "outer" 히스토그램 각각에서 "(특이) 고급 주택군"이 존재를 드러냅니다.

```
> library(lattice)
> histogram(~ medv | dis.1, main="Boston House Price")
```

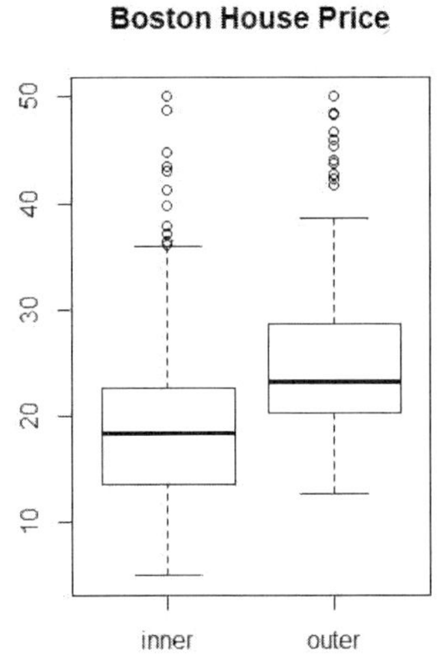

<그림 6> 보스턴 시의 도심 · 외곽 지역의 비교: 상자그림

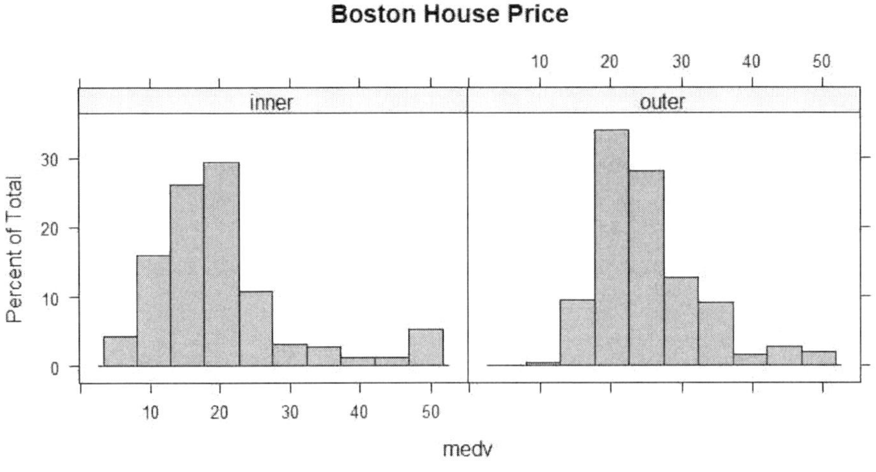

<그림 7> 보스턴 시의 도심 · 외곽 지역의 비교: 히스토그램

앞의 예에서는 일반적 수준(general level)에서 집단 간 차이가 나타났습니다만, 어떤 경우에는 산포(spread)에서도 두 집단이 차이를 드러냅니다. 그런 예를 보겠습니다.

Boston 데이터에서 **lstat**는 하층민(low status) 비율입니다. 이 변수를 빈도기준으로 1:2:1로 구분하여 (-> **lstat.1**), 중간주택가격 **medv**와 어떻게 관련되어 있는지를 살펴봅시다. <그림 8>이 그 결과입니다. **lstat.1**이 "low"인 집단의 산포는 "high"인 집단의 산포에 비해 곱절이나 됩니다.

```
> lstat.1 <- cut(lstat, breaks=quantile(lstat,
      prob=c(0,0.25,0.75,1)), labels=c("low","MIDDLE","high"))
> boxplot(medv ~ lstat.1, width=c(1,2,1), main="Boston House Price")
```

이 사례에서처럼 중심이 큰 집단에서 산포가 크게 나타나는 경우가 많습니다. 이런 때는 제곱근 변환이나 로그 변환을 시도해볼 필요가 있습니다. <그림 9>를 보세요. 밑수가 2인 로그변환을 **medv**에 적용한 다음,[5] 상자그림으로 **3**개의 **lstat.1** 집단을 비교해 보여줍니다. 이제 "low" 집단과 "high" 집단은 중심에서만 차이를 보입니다. 다음 절에서 변수변환에 대해 본격적으로 다루려 합니다.

```
> boxplot(log(medv, 2) ~ lstat.1, ..., main="Boston House Price [log_2]")
```

* 이 절에서는 집단 중심의 차이가 통계적으로 유의한가, 즉 차이의 통계적 유의성(statistical significance)은 다루지 않으려 합니다.

탐구 3. **lstat.1** "MIDDLE" 집단의 **medv** 분포를 살펴보세요. 분포의 형태가 정규분포와는 거리가 있어 보입니다. 어떤 분포처럼 보이나요? [감마 분포를 공부해 보십시오]

5) 밑수가 2인 로그로 변환하고 나서 "low" 집단과 "high"은 중심에서 1 정도의 차이를 보입니다. 이는 원척도에서 "low"가 "high"의 2배 정도임을 의미합니다.

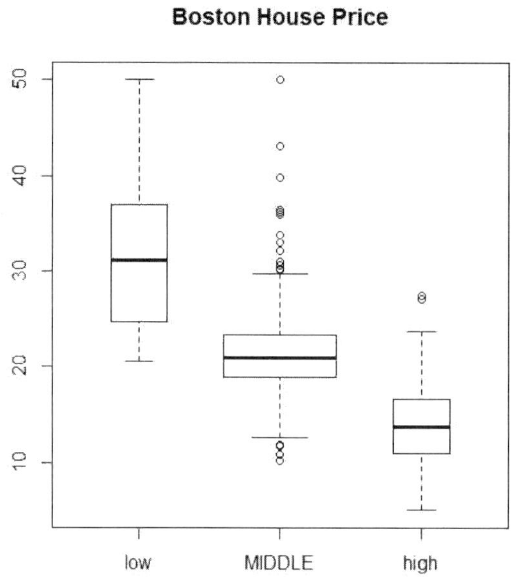

<그림 8> 하층민 비율에 따른 주택가격의 비교: 상자그림

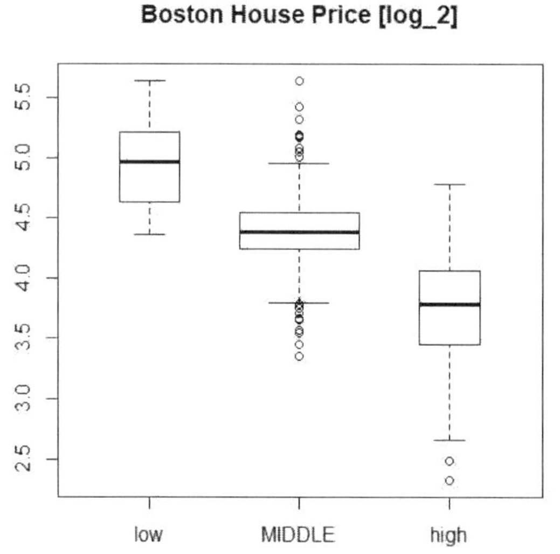

<그림 9> 하층민 비율에 따른 로그변환 주택가격의 비교: 상자그림

체크포인트

데이터는 다수의 개체들에 대한 일련의 특성을 일정한 방식으로 얻어낸 것입니다. 이 장에서는 특성이 수치형인 경우 개별 특성, 즉 수치형 변수의 데이터를 기술적 목적(descriptive purpose)에서 탐구하는 방법을 다루었습니다.

여러분들은 다음의 도구를 익혀 항시 쓸 수 있어야 합니다.

- 히스토그램: 무엇을 볼 것인가?
- 다섯 수치로 요약하기: 중간값과 위·아래 사분위수, 최소값과 최대값.
- 정규분포: 평균과 표준편차는 무엇인가?
- "상자그림" 특이점: 무엇이 전제되는가?
- 그룹 간 수치요약의 비교
- 그룹 간 비교를 위한 상자그림의 작성

R 스크립트와 데이터 파일

1.1절 1_chosun kings.R
chosun kings.txt
1.2절 계속
1.3절 계속
1.4절 1_project scores.R
project scores.csv
1.5절 1_boston housing.R

2장. 변수변환

데이터 분석에서 변수의 변환(transform of variables)은 중요한 이슈입니다. 변환 없이 원척도에서 작업하는 것보다 변수를 변환하여 새로 설정된 척도에서 데이터 분석작업을 하는 것이 훨씬 간명하고 효과적일 수 있습니다.

2.1 변환의 유용성

데이터 내 개체들의 특정 속성, 즉 변수는 일정한 척도에서 값을 드러냅니다. 예컨대 무게와 소득 같은 것입니다. 그런데 해당 변수의 분포를 살펴보면 한쪽으로 기운 형태를 취하는 경우가 종종 있습니다. 데이터 분석을 위해서는 가급적 대칭분포가 바람직한데 말이죠.[6)]

MASS 팩키지의 **mammals** 데이터는 62종 포유류의 몸무게 **body**와 뇌무게 **brain** 값을 담고 있습니다. <그림 1a>과 <그림 1b>가 **body**와 **brain**의 히스토그램입니다. 보다시피 작은 값에 확 치우쳐져 있어 썰렁하기 그지없습니다.

```
> library(MASS)
> data(mammals)
> str(mammals)
'data.frame':   62 obs. of  2 variables:
 $ body : num  3.38 0.48 1.35 465 36.33 ...
 $ brain: num  44.5 15.5 8.1 423 119.5 ...
> attach(mammals)
> hist(body, nclass=10, main="62 mammals")
> hist(brain, nclass=10, main="62 mammals")
```

이번에는 몸무게 **body**와 뇌무게 **brain**에 밑수가 2인 로그를 취하여 히스토그램

6) 그 이유는 대칭분포라야 중심과 산포로써 대략 분포를 기술할 수 있기 때문입니다. 한쪽으로 기운 분포(skewed distribution)에 대한 기술은 왜도(歪度, skewness)가 감안되어야 하므로 대칭분포보다 복잡합니다.

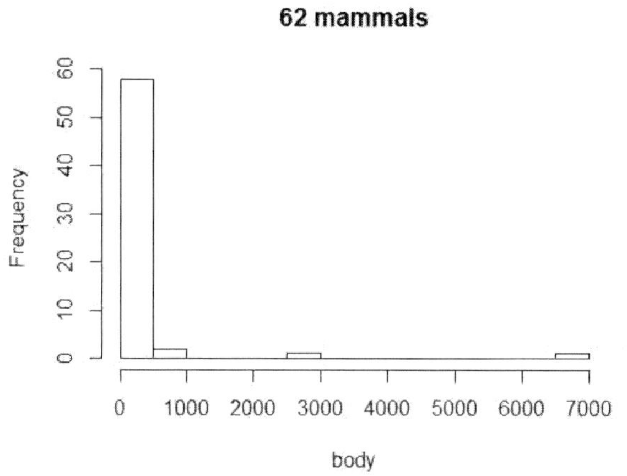

<그림 1a> 몸무게 body의 히스토그램

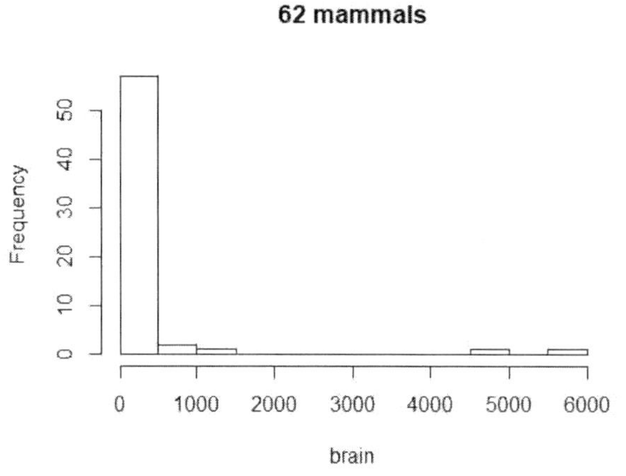

<그림 1b> 뇌무게 brain의 히스토그램

을 그려보겠습니다. <그림 2a>과 <그림 2b>를 보세요. 분포의 모양이 확 달라진 것을 볼 수 있습니다. 이제 중심이 생겼고 좌우균형이 맞아 보입니다. 이처럼 변환에 의하여 분포의 형태(shape)가 바뀝니다.[7)]

---

7) 상수를 더하거나 일정 수를 곱해주는 것으로는 분포의 형태가 바뀌지 않습니다. 밑수가 2인 로그 변환이나 밑수가 10인 로그 변환은 상수 배의 관계에 있으므로 분포의 형태는 같습니다.

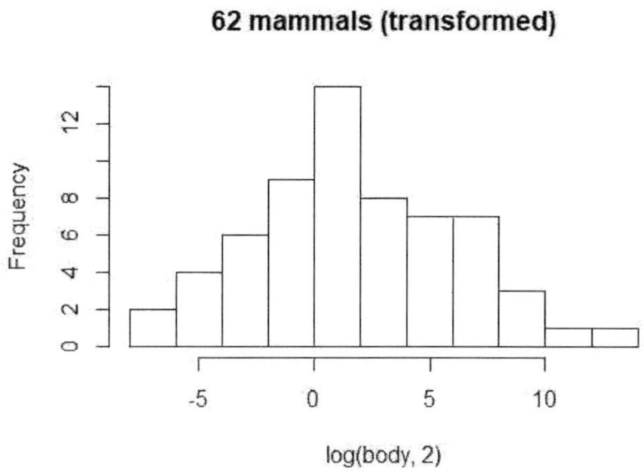

<그림 2a> 로그 몸무게 log(body,2)의 히스토그램

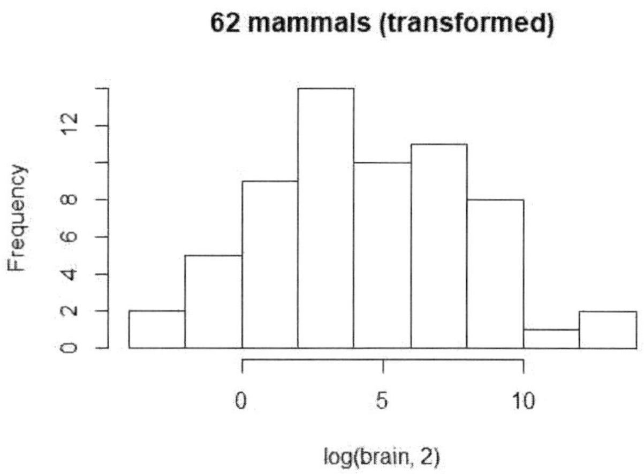

<그림 2a> 로그 뇌무게 log(brain,2)의 히스토그램

각 변수의 분포가 그럴듯한 모양을 취하게 되었다고 “그게 뭔 대수인가”라고 생각할 것입니다. <그림 3>과 <그림 4>를 보세요. 두 그림은 변환을 취하기 전과 변환을 취한 후의 두 변수 간 산점도입니다. <그림 3>에서는 두 변수가 연관되어 있는지를 보기 어렵지만 <그림 4>에서는 연관성이 확 드러납니다.

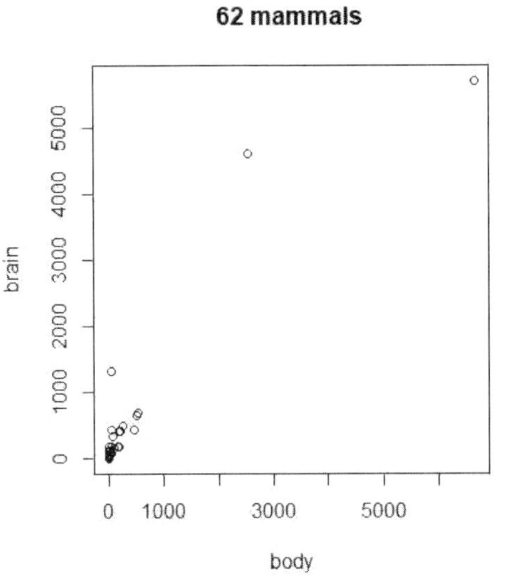

<그림 3> body와 brain의 관계: 산점도

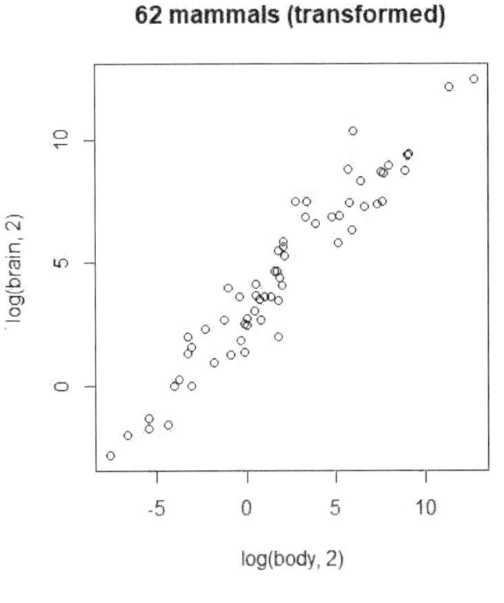

<그림 4> 로그 변환 후의 body와 brain의 관계: 산점도

```
> hist(log(body,2), nclass=10, main="62 mammals (transformed)")
> hist(log(brain,2), nclass=10, main="62 mammals (transformed)")
> plot(brain ~ body, main="62 mammals")
> plot(log(brain,2) ~ log(body,2), main="62 mammals (transformed)")
```

2.2 변환의 여러 유형

앞에서는 로그 변환을 쓴 바 있습니다. 그런데 오른쪽으로 길게 퍼진(skewed to the right) 분포를 갖는 양의 값(positive-valued) 변수라고 하더라도 적용해볼만한 또 하나의 변환으로 거듭 곱 p 변환이 있습니다 $(0 < p \leqq 1)$.

$$\text{거듭 곱(power) } p \text{ 변환:} \quad h_p(x) = x^p, \quad \text{for } x > 0, \ p \neq 0.$$

예컨대 $p = 0.5$ 인 경우 그 변환은 $x^{0.5}$, 즉 $\sqrt{x}$ 입니다 (제곱근 변환).

$0 < p \leqq 1$ 인 경우, 거듭 곱 p 변환 x^p 은 무변환 $h_1(x) = x$ 에 비하면 느리게 증가하지만 로그 변환에 비해 빠르게 증가합니다. 즉, x^p $(0 < p \leqq 1)$ 변환은 로그 변환과 무변환의 사이 정도로 데이터 값을 바꿉니다.

따라서 "오른쪽으로 길게 퍼진 분포"를 보인 변수를 바로 잡기 위하여 로그 변환을 취했더니 이번에는 "왼쪽으로 길게 퍼진 분포"가 되었다면 제곱근 $(p = 0.5)$ 변환이나 세제곱근 $(p = 0.33)$ 변환 등을 시도할 필요가 있습니다.

`MASS` 팩키지의 `Insurance` 데이터는 여러 인구적·유형별 그룹의 자동차 보험 가입자 수 `Holders`와 보험청구자 수 `Claims` 등의 변수를 담고 있습니다. 데이터 구조와 모습을 다음과 같습니다.

```
> library(MASS)
> data(Insurance)
> str(Insurance)
```

```
> head(Insurance)
  District  Group   Age Holders Claims
1        1    <1l   <25     197     38
2        1    <1l 25-29     264     35
3        1    <1l 30-35     246     20
4        1    <1l   >35    1680    156
5        1 1-1.5l   <25     284     63
6        1 1-1.5l 25-29     536     84
```

보험청구율을 **Claims/Holders**로 정의하고 **Ratio**로 명명하겠습니다. **Ratio**가 자동차 배기량 기준으로 분류된 그룹 **Group** 별로 어떻게 다른가를 보기 위하여 상자그림을 그려봅니다. <그림 5>의 왼쪽 위 그래프를 보세요. 상자의 중심이 높아지면서 상자의 길이, 즉 산포도 증가하는 것을 볼 수 있습니다. 만약 변환을 통하여 산포를 일정하게 할 수 있으면 좋습니다. 바로 절약성의 원리(principle of parsimony)이죠.

제곱근(sqrt; square root) 변환을 적용한 결과가 <그림 5>의 오른쪽 위 그래프입니다. 산포가 같다고 할 수 없지만 상당한 개선이 있었습니다.[8)]

그러면, 세제곱근 변환은 어떨까요? <그림 5>의 왼쪽 아래 그래프를 보세요.

```
> attach(Insurance)
> Ratio <- Claims/Holders
> boxplot(Ratio ~ Group, main="Insurance")
> boxplot(sqrt(Ratio) ~ Group, main="Insurance (sqrt transformed)")
> boxplot(Ratio^0.33 ~ Group, main="Insurance (cube root transformed)")
```

이 사례에서는 제곱근 변환과 세제곱근 변환 중 어느 것이 더 좋습니까?[9)]

8) 왼편 첫 3개 상자의 폭을 살펴보세요. 맨 오른쪽 유형에서는 특이점이 새로 나타났는데 이 점도 좋습니다.

9) 내 눈에는 세제곱근 변환이 제곱근 변환보다 나아 보입니다. 더 나아가 로그 변환도 고려해볼 수 있는데 이 데이터에서는 **Ratio** 값이 0인 케이스가 있는 것이 문제입니다. 로그는 0에서 정의가 되지 않기 때문이죠. 이런 경우엔 해당변수 **Ratio**에 작은 수 (예컨대 1, 0.1, 0.01 등)을 더하여 로그를 취하는 것이 한 방법입니다.

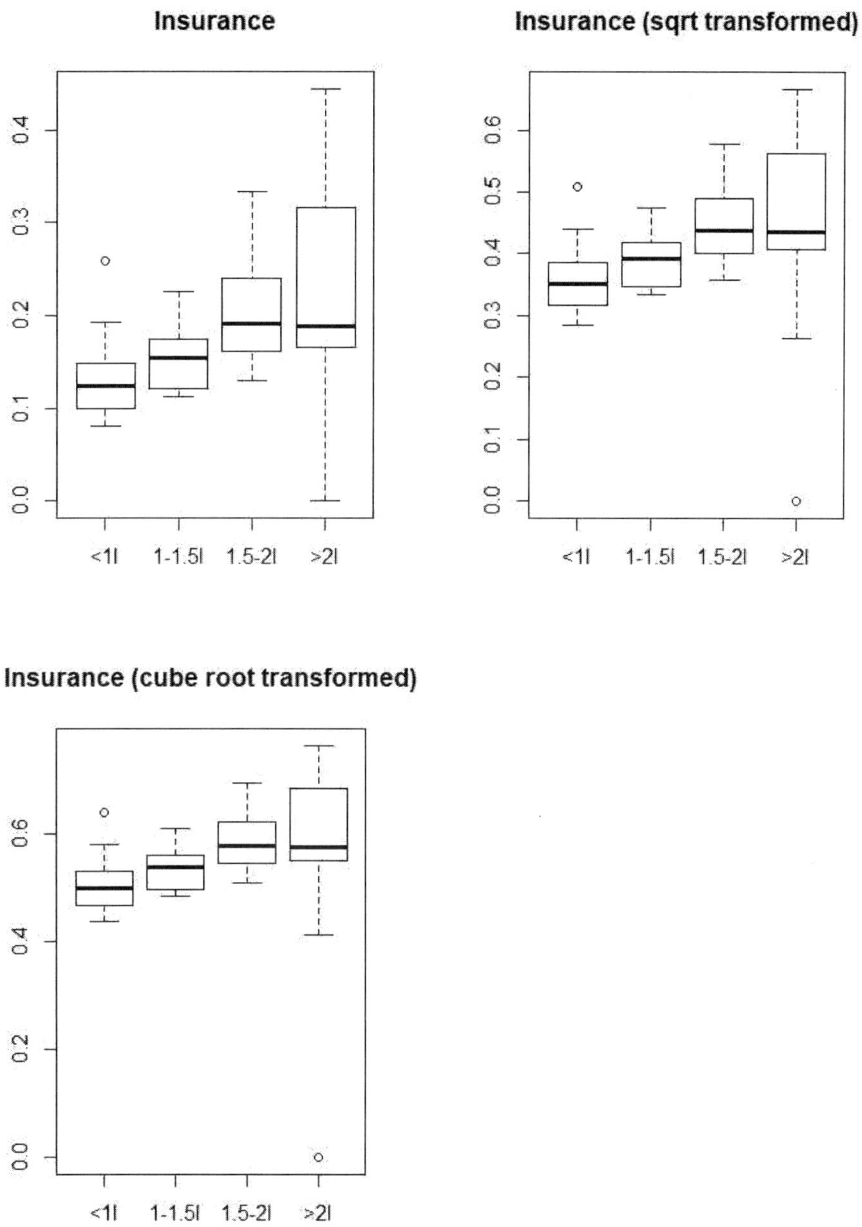

<그림 5> 유형 그룹 간 보험청구율의 비교: 상자그림

2.3 박스-콕스 변환

$x > 0$의 박스-콕스 변환(Box-Cox transform) $x^{(\lambda)}$는 다음과 같이 정의됩니다.

$$x^{(\lambda)} = \begin{cases} \dfrac{x^{\lambda} - 1}{\lambda}, & \lambda \neq 0 \\ \log_e x, & \lambda = 0 \end{cases}$$

이에 따라 λ에 관계없이 $x = 1$에서 변환 값이 0이고 미분계수가 1이 됩니다. 그러나 $x > 1$에서는 증가속도가 다릅니다 (λ가 클수록 미분계수 $\frac{d}{dx}x^{(\lambda)}$가 큽니다). 이제까지 다룬 로그변환과 거듭곱 변환은 박스-콕스 변환으로 묶여집니다.

박스-콕스 변환으로써 일변량 분포를 가장 정규분포에 근접시키는 자동화된 방법을 소개하고자 합니다. 양의 값 데이터 $x_1, \cdots, x_n$의 확률밀도를

$$\prod_{i=1}^{n} \frac{1}{\sqrt{2\pi}\,\sigma} \exp\left[-\frac{1}{2\sigma^2}(x_i^{(\lambda)} - \mu)^2\right] x_i^{\lambda - 1}$$

로 가정하기로 하고[10] 위 식을 μ와 σ^2, 그리고 λ에 대하여 최대화하여 최적값 $\hat{\lambda}$를 찾아냅니다.[11] 여기서는 실제 그런 값을 찾는 방법에 대한 설명은 하지 않고 R에 구현된 한 함수를 활용하기로 합니다.

2.1절에서 접했던 `mammals` 데이터의 `body` 변수를 박스-콕스 변환으로써 정규분포에 근접시켜 봅시다. `car` 팩키지의 `powerTransform()` 함수를 씁니다.

```
> library(car)
> library(MASS)
> data(mammals)
> summary(powerTransform(mammals$body))
bcPower Transformation to Normality
             Est Power Rounded Pwr Wald Lwr bnd Wald Upr Bnd
mammals$body   -0.0196           0      -0.0921        0.053
```

위 출력에 의하면 $\hat{\lambda} = -0.02$입니다. 그러니까 $\hat{\lambda} \simeq 0$, 로그 변환이 답입니다.

---

10) 이것은 거듭곱 λ의 박스-칵스 변환 변수가 $N(\mu, \sigma)$ 분포를 따름을 의미합니다.
11) 이런 방법이 최대가능도(maximum likelihood) 추정입니다.

마찬가지로 **mammals** 데이터의 **brain** 변수도 박스-콕스 변환으로 정규분포에 근접시킵니다.

```
> summary(powerTransform(mammals$brain))
bcPower Transformation to Normality
              Est Power Rounded Pwr Wald Lwr bnd Wald Upr Bnd
mammals$brain   -0.0078           0      -0.1021       0.0866
```

답은 같습니다. 즉, 로그 변환이 답입니다.

powerTransform() 함수는 일변량 변수 뿐 아니라 다변량 변수도 다변량 정규분포(multivariate normal distribution)에 근접시키는 기능을 가지고 있습니다.[12)]

```
> summary(powerTransform(mammals))
bcPower Transformations to Multinormality
      Est Power Rounded Pwr Wald Lwr bnd Wald Upr Bnd
body    -0.0356           0      -0.0877       0.0165
brain   -0.0285           0      -0.0976       0.0406
```

역시 답은 두 변수 모두에 대하여 각각 로그 변환입니다.

체크포인트

경험상, 초보 데이터분석자들은 변수변환을 꺼려합니다. 용기를 내서 과감하게 변수변환을 시도해볼 필요가 있습니다. 우리의 일상에 이미 수많은 변환이 활용되고 있습니다. 예컨대 지진의 강도를 나타내는 리히터 척도는 지진파 진폭에 밑수가 10인 로그로 변환한 값입니다.

---

12) 이변량 정규분포 $N(\mu_1, \mu_2, \sigma_1, \sigma_2, \rho)$의 확률밀도함수는 다음과 같습니다.

$$f(x_1, x_2; \mu_1, \mu_2, \sigma_1, \sigma_2, \rho) = \frac{1}{2\pi\sigma_1\sigma_2\sqrt{1-\rho^2}} \exp\left[-\frac{1}{2(1-\rho^2)} Q\right], \quad -\infty < x_1, x_2 < \infty,$$

여기서

$$Q = \left(\frac{x_1 - \mu_1}{\sigma_1^2}\right)^2 + \left(\frac{x_2 - \mu_2}{\sigma_2^2}\right)^2 - 2\rho\left(\frac{x_1 - \mu_1}{\sigma_1^2}\right)\left(\frac{x_2 - \mu_2}{\sigma_2^2}\right).$$

양의 값 변수가 “오른쪽으로 길게 퍼지는 (skewed to the right)” 분포를 보이는 경우 제곱근 변환, 세제곱근 변환, … , 로그 변환 등을 적용하여 분포가 대략 대칭적 형태가 되도록 할 필요가 있습니다. 반대로, 양의 값 변수가 “왼쪽으로 길게 퍼지는 (skewed to the left)” 분포를 보이는 경우, 제곱 변환, 세제곱 변환, … , 지수 변환 등을 고려할 필요가 있습니다.

양의 값 변수를 집단 간 비교하는 상황에서는 집단 별 산포들을 일정하게 하는 것이 바람직합니다. 중심이 클수록 산포가 증가한다면 제곱근 변환, 세제곱근 변환, … , 로그 변환 등을 적용해 볼 필요가 있습니다.

R 스크립트

2.1절 2_mammals.R

2.2절 2_insurance.R

2.3절 2_boxcox transform.R

3장. 범주형 데이터의 탐색

어떤 변수는 범주(categories)를 값으로 취합니다. 그 중에는 생존여부 (= 사망 0 · 생존 1)와 같이 이항형인 것도 있고 종교 (= 없음 1, 불교 2, 기독교 3, 천주교 4, 기타 5)와 같이 다항형인 것이 있습니다. 이들은 비록 숫자로 코딩되었다고 하더라도 1장과 2장에서 다룬 바 있는 수치형 변수는 아닙니다. 이 장에서는 관심 변수가 범주형인 데이터 분석을 시각화 위주로 다룹니다.

3.1 교차표의 시각화: 모자이크 플롯

개별 범주형 변수는 단순히 빈도표로 통계적 속성이 파악될 수 있습니다. 수치 예로서 **Titanic{datasets}** 데이터를 보겠습니다. 이 데이터는 2,201명의 타이타닉 호 탑승자의 생존여부 **Survived** (= No, Yes)와 선실등급 **Class** (= 1st, 2nd, 3rd, Crew), 성별 **Sex** (= Male, Female), 나이 **Age** (= Child, Adult) 정보를 4차원 배열에 담고 있습니다. 생존여부 **Survived**의 분포는 다음과 같습니다.

```
> data(Titanic)
> str(Titanic)
 table [1:4, 1:2, 1:2, 1:2] 0 0 35 0 0 0 17 0 118 154 ...
 - attr(*, "dimnames")=List of 4
  ..$ Class   : chr [1:4] "1st" "2nd" "3rd" "Crew"
  ..$ Sex     : chr [1:2] "Male" "Female"
  ..$ Age     : chr [1:2] "Child" "Adult"
  ..$ Survived: chr [1:2] "No" "Yes"
> N <- sum(Titanic); N
[1] 2201
> apply(Titanic, 4, sum)  # 빈도
  No  Yes
1490  711
```

즉, 사망자 1,490명에 생존자 711명입니다 (비율은 67.7% 대 32.3%).

```
> round(apply(Titanic, 4, sum)/N, 3)  # 비율
   No   Yes
0.677 0.323
```

"생존이 무엇과 어떻게 관련 있는가?"를 탐구하기로 합시다. 선실등급 **Class** (= 1st, 2nd, 3rd, Crew)부터 살펴보기로 합니다. 이를 위해서 **Class**와 **Survived**의 4*2 교차표가 있어야겠죠.

```
> Tab.1 <- apply(Titanic, c(1,4), sum)
> Tab.1m <- addmargins(Tab.1)
> Tab.1m  # 빈도
      Survived
Class    No Yes  Sum
  1st   122 203  325
  2nd   167 118  285
  3rd   528 178  706
  Crew  673 212  885
  Sum  1490 711 2201
> round(Tab.1m[, 1:3]/Tab.1m[,3], 3)   # 비율
      Survived
Class     No   Yes Sum
  1st  0.375 0.625   1
  2nd  0.586 0.414   1
  3rd  0.748 0.252   1
  Crew 0.760 0.240   1
  Sum  0.677 0.323   1
```

앞에서 보듯 선실등급 **Class** (= 1st, 2nd, 3rd, Crew)별 **Survived** 비율은 1st에서 가장 크고 (62.5%), 2nd (41.4%), 3rd (25.2%), Crew (24.0%) 순서로 낮습니다. 그러나 이렇듯 숫자로 보는 것보다는 적당한 그림으로 보는 것이 낫겠죠.

모자이크 플롯(mosaic plot)은 2차원 교차표의 시각화에 딱 좋은 도구입니다.

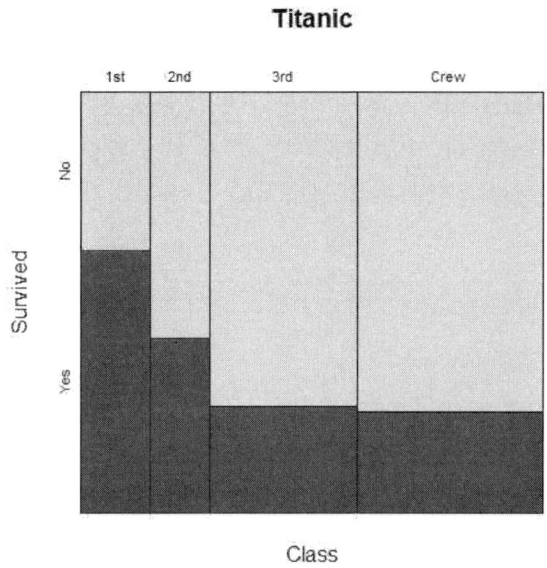

<그림 1> Class * Survived의 모자이크 플롯

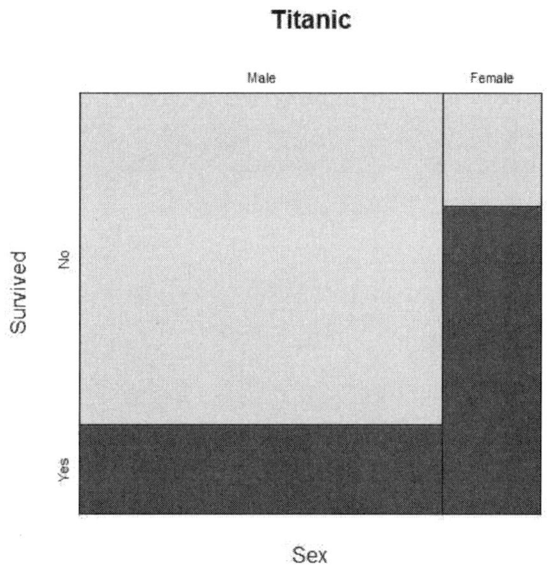

<그림 2> Sex * Survived의 모자이크 플롯

이 그래프는 사각형 타일을 행 범주의 표현을 염두에 두고 수직 분할하고 이어서 행 범주별 열 비율을 수평 분할한 일종의 모자이크 형의 그림입니다.

<그림 1>에서 **Class * Survived**의 모자이크 플롯을 보면 선실등급 별 생존 비율이 크게 다른 것을 볼 수 있습니다. 사람의 목숨이 달린 상황에서도 사회적 클래스가 힘을 썼던 것일까요? 아직 판단이 이릅니다.

```
> mosaicplot(~ Class + Survived, col=c("gray","red"), off=0, data=Titanic)
```

<그림 2>에서 **Sex * Survived**의 모자이크 플롯을 보기 바랍니다. 남성의 생존률에 비해 여성의 생존률이 비교가 안 될 정도로 크게 나타났습니다.

```
> mosaicplot(~ Sex + Survived, col=c("gray","red"), off=0, data=Titanic)
```

그러면 **Class** 별로 **Sex * Survived**는 어떨까요? 이것은 **Class * Sex * Survived**의 3차원 교차표에 대한 질문입니다. **Class**로 수직 분할을 하고 **Class**의 각 범주 내에서 **Sex** (수직분할) * **Survived** (수평분할)의 모자이크 플롯을 그려봅니다. <그림 3>에서 결과를 보세요. 각 클래스 내에서 남녀의 생존비율 차이가 드러납니다. 비상 상황에서도 "Women First"의 원칙이 적용된 것으로 보입니다. 2등 선실에서 남녀 간 차이가 가장 크게 나타났습니다.

```
> mosaicplot(~ Class + Sex + Survived, col=c("gray","red"), off=c(4,0,0),
       dir=c("v","v","h"), data=Titanic)
```

탐구 1. **Sex * Class * Survived**의 3차원 교차표를 모자이크 플롯으로 시각해 보세요. 무엇을 알 수 있습니까?

또 하나의 사례로서 **UCBAdmissions** 데이터를 분석해보기로 하겠습니다. 1973년 UC 버클리대학의 대학원 입학에서 여성차별 의혹이 제기된 바, 그 이유는 <그림 4>에서 보듯 여성 지원자의 입학허용 비율이 남성 지원자의 입학허용 비율보다 작기 때문이었습니다.

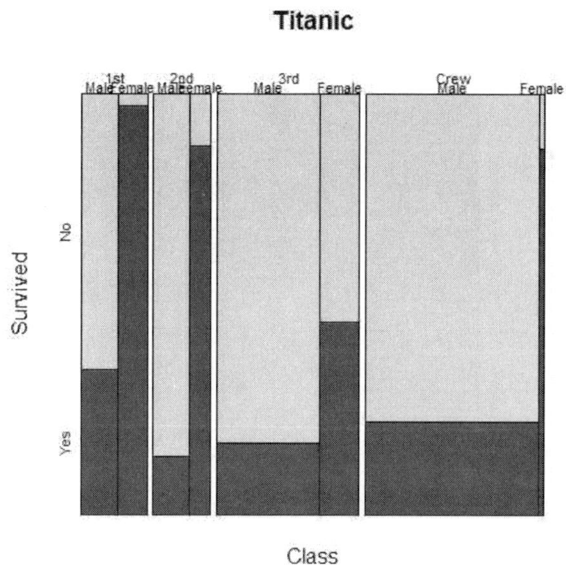

<그림 3> Class * Sex * Survived의 모자이크 플롯

```
> data(UCBAdmissions)
> str(UCBAdmissions)
 table [1:2, 1:2, 1:6] 512 313 89 19 353 207 17 8 120 205 ...
 - attr(*, "dimnames")=List of 3
  ..$ Admit : chr [1:2] "Admitted" "Rejected"
  ..$ Gender: chr [1:2] "Male" "Female"
  ..$ Dept  : chr [1:6] "A" "B" "C" "D" ...
> mosaicplot(~ Gender + Admit, off=0, col=c("red","gray"), data=UCBAdmissions)
```

그러나 지원학과 **Dept** 별로 **Gender * Admit**의 관계를 볼 필요가 있습니다. 왜냐하면 입학사정은 지원학과 별로 이루어지기 때문입니다. <그림 5>의 모자이크 플롯에 나타나듯, 지원학과 별로 보면 남자 지원자의 입학허용 비율이 여자 지원자의 입학허용 비율보다 큰 학과는 6개 학과 중 2개 학과이고 나머지 4개 학과에서는 오히려 남자 지원자의 입학허용 비율이 여자 지원자의 입학허용 비율보다 작습니다. 바로 심프슨의 역설(Simpson's paradox)인 거죠.

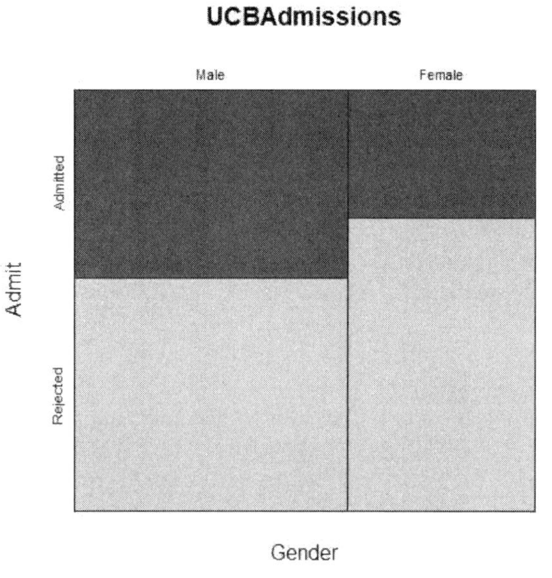

<그림 4> UCBAdmissions 사례에서 Gender * Admit의 모자이크 플롯

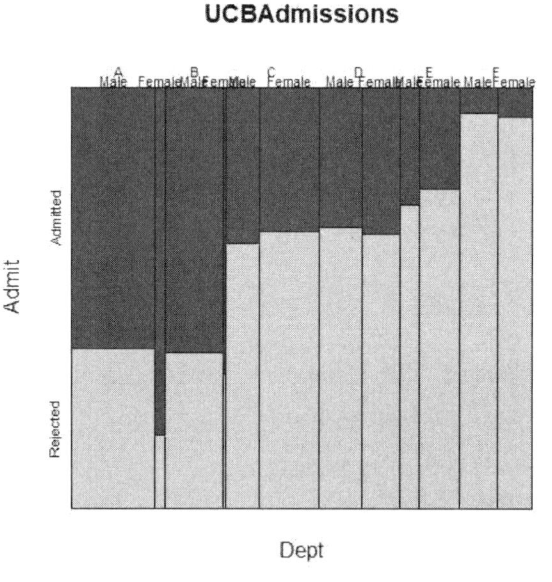

<그림 5> UCBAdmissions 사례에서 Dept * Gender * Admit의 모자이크 플롯

```
> mosaicplot(~ Dept + Gender + Admit, off=c(0,0,0), col=c("red","gray"),
      dir=c("v","v","h"), data=UCBAdmissions)
```

이처럼 전반적으로 본 모습이 세부적으로 보았을 때는 부정될 수 있습니다.

3.2 연속형 X, 범주형 Y

범주형 변수 Y에 분석자의 관심이 있는 경우 그것과 관련짓는 변수 X도 또한 범주형이라면 앞 절에서와 같이 교차표를 살펴보는 것에서 시작하면 됩니다. 그런데 변수 X가 수치형이라면 어떻게 하지요?

rattle.data 팩키지의 **weather** 데이터는 오스트레일리아 캔버러 지역의 366일 강우기록입니다. 관심 변수는 **RainTomorrow** (= No, Yes; 다음 날 비가 왔는가?)인데, 이것이 **Humidity3pm** (당일 오후 3시의 습도)과 어떻게 얼마나 연관되어 있는지를 살펴보기로 합시다.

<그림 6>과 같이 **RainTomorrow** (= Y) 수준 별 **Humidity3pm** (= X)의 히스토그램을 살펴볼 수 있을 것입니다. 그러나 이것은 Y에 조건화된 X의 분포를 본 것이지, X에 조건화된 Y의 분포를 본 것은 아닙니다.

어떻게 하면, X에 조건화된 Y의 분포를 볼 수 있을까요? X가 수치형이니까 $X=x$에 조건화하기는 어렵습니다 (x는 변수 X의 개별 값). 따라서 X를 몇 개 구간으로 그룹화하여 "구간화된 X"와 Y 간 교차표를 시각화하는 것이 한 방법이겠습니다.

<그림 7>이 **Humidity3pm**의 4개 구간과 **RainTomorrow** 간 모자이크 플롯입니다. **Humidity3pm**의 제4 구간에서 **RainTomorrow**의 **Yes** 비율이 확 오른 것을 볼 수 있습니다.

```
> library(rattle.data)
> data(weather)
> attach(weather)
```

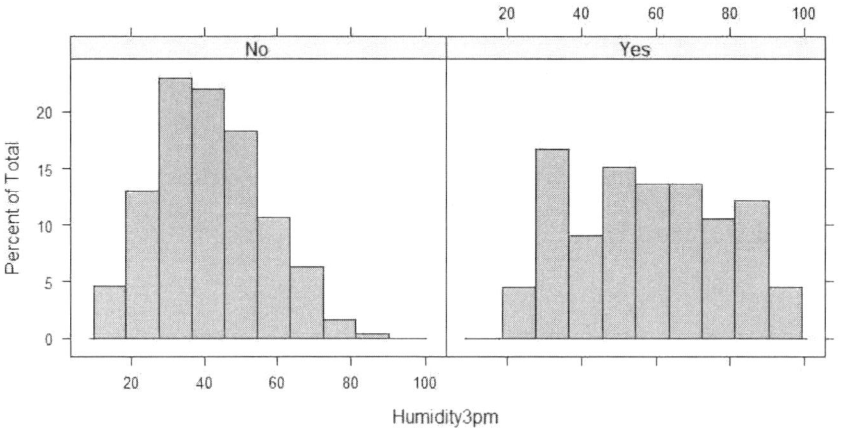

<그림 6> RainTomorrow (= No, Yes)에 따른 Humidity3pm의 히스토그램

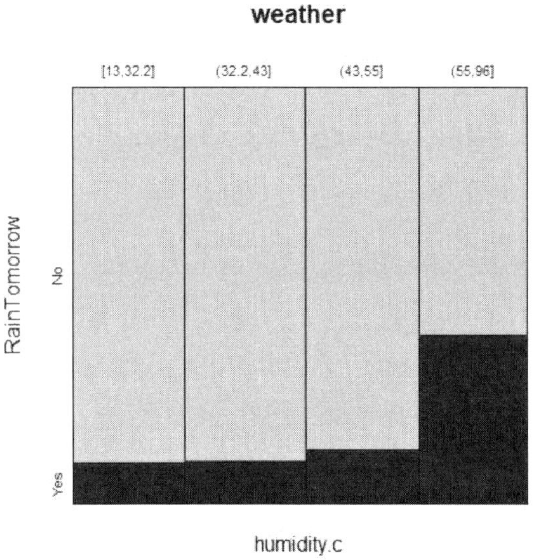

<그림 7> Humidity3pm 구간화와 RainTomorrow의 모자이크 플롯

```
> library(lattice)
> histogram(~ Humidity3pm | RainTomorrow)
> humidity.c <- cut(Humidity3pm, quantile(Humidity3pm,
      prob=c(0,0.25,0.5,0.75,1)), include.lowest=TRUE)
> mosaicplot(~ humidity.c + RainTomorrow, off=0, col=c("gray","blue"),
      main="weather")
```

<그림 6>의 상황을 수학적으로 모형화 해봅시다. $Y=y$에 조건화하여 X의 분포가 $N(\mu_y, \sigma)$라고 합시다 ($y=0,1;\ \mu_0 \neq \mu_1$). 즉, X의 조건부 밀도가

$$f(x \mid y) = \frac{1}{\sqrt{2\pi}\,\sigma} \exp\left[-\frac{1}{2\sigma^2}(x-\mu_y)^2\right],\ -\infty < x < \infty$$

입니다. 그리고

$$P\{Y=1\} = \pi,\ P\{Y=0\} = 1-\pi$$

라고 합시다. 그러면, 베이즈 정리(→ 부록 3.A)에 의하여

$$\frac{P\{Y=1 \mid x\}}{P\{Y=0 \mid x\}} = \frac{P\{Y=1\}}{P\{Y=0\}} \cdot \frac{f(x \mid 1)}{f(x \mid 0)}$$

이므로

$$\begin{aligned}\frac{P\{Y=1 \mid x\}}{P\{Y=0 \mid x\}} &= \frac{\pi}{1-\pi} \cdot \exp\left[-\frac{1}{2\sigma^2}(x-\mu_1)^2 + \frac{1}{2\sigma^2}(x-\mu_0)^2\right] \\ &= \frac{\pi}{1-\pi} \cdot \exp\left[\frac{1}{\sigma^2}(\mu_1-\mu_0)x - \frac{1}{2\sigma^2}(\mu_1^2-\mu_0^2)\right]\end{aligned}$$

입니다. 그러므로

$$\log_e \frac{P\{Y=1 \mid x\}}{P\{Y=0 \mid x\}} = \beta_0 + \beta_1 x \qquad (1)$$

의 꼴이 됩니다 (여기서 β_0와 β_1은 $\mu_0, \mu_1, \sigma, \pi$ 등으로 표현되는 파라미터). (1)을 로지스틱 회귀 모형이라 합니다. 이 모형에 대하여는 이후 6장 "분류모형"에서 본격적으로 다룹니다.

탐구 1. 앞에서, $Y=y$에 조건화하여 X의 분포를 $N(\mu_y, \sigma_y)$로 놓으면 ($\sigma_0 \neq \sigma_1$), $\log_e \frac{P\{Y=1 \mid x\}}{P\{Y=0 \mid x\}}$은 x의 어떤 함수로 표현될까요?

체크포인트

두 변수가 모두 범주형인 경우 으뜸 되는 시각화 도구는 모자이크 플롯입니다.

변수 X가 수치형인 경우 범주형 변수 Y와의 연관성을 살펴보기 위해서 X를 구간화하여 모자이크 플롯을 그려보는 전략이 대체로 유용합니다.

두 범주형 변수 간 연관성이 허위적일 수 있습니다. 심프슨의 파라독스를 조심해야 합니다. 제3의 변수를 염두에 두어야 합니다.

R 스크립트

3.1절 `3_titanic.R`
`3_ucbadmissions.R`

3.2절 `3_weather.R`

3.A [부록] 베이즈 정리

베이즈의 정리(Bayes' theorem)에는 여러 형태가 있습니다. 여기서는 연속형 확률변수 X와 이항형 확률변수 $Y(=0,1)$로 정리를 기술하고 증명하겠습니다.

$Y=1$의 전(prior) 확률을 π라고 하고 $Y=y$에 조건화된 X의 확률밀도함수를 $f(x \mid y)$라고 합시다 $(y=0,1)$. 즉,

$$P\{Y=0\}=1-\pi,\ P\{Y=1\}=\pi.$$

그러면 총 확률의 법칙(law of total probability)에 의하여 확률변수 X의 주변밀도함수 $f_X(x)$는

$$\begin{aligned} f_X(x) &= P\{Y=0\}f(x \mid 0)+P\{Y=1\}f(x \mid 1) \\ &=(1-\pi)f(x \mid 0)+\pi f(x \mid 1) \end{aligned}$$

이므로 $X=x$의 실현 후 $Y=1$의 확률은

$$\begin{aligned} P\{Y=1 \mid x\} &= \frac{P\{Y=1\}f(x \mid 1)}{f_X(x)} \\ &= \frac{\pi f(x \mid 1)}{(1-\pi)f(x \mid 0)+\pi f(x \mid 1)} \end{aligned}$$

입니다. 마찬가지로

$$\begin{aligned} P\{Y=0 \mid x\} &= \frac{P\{Y=0\}f(x \mid 0)}{f_X(x)} \\ &= \frac{\pi f(x \mid 0)}{(1-\pi)f(x \mid 0)+\pi f(x \mid 1)}. \end{aligned}$$

■

X와 Y가 모두 연속형인 경우의 베이즈 정리는 다음과 같이 기술됩니다.

$X=x$에 조건화된 Y의 후(posterior) 밀도 $\pi(y \mid x)$는

$$\pi(y \mid x)=\frac{\pi(y)f(x \mid y)}{\int_{\dot{y}} \pi(\dot{y})f(x \mid \dot{y})\,d\dot{y}},$$

여기서 $\pi(y)$는 Y의 전(prior) 밀도함수이고 $f(x \mid y)$는 $Y=y$에 조건화된 X의 밀도함수입니다.

4장. 통계적 추론

통계적 추론(統計的 推論, statistical inference)은 표본 데이터의 정보를 모집단 특성이라고 할 수 있는지, 더 정확히는 그렇게 말할 수 있는 모집단 특성의 범위를 특정화하는 작업입니다. 빅데이터의 시대에서는 표본이 곧 모집단이므로 어떤 사람들은 통계적 추론의 역할이 쇠퇴하였다고 말합니다. 과연 그럴까요? 이 장에서는 통계적 검정과 신뢰구간의 철학을 논하고 방법론을 설명합니다.

4.1 통계적 검정

이런 경우에는 이러이러한 방법이 유효하다고 주장한다고 합시다. 그런 생각이 사회에서 수용되고 있지 않다면 이것은 통계적 검정의 대상입니다. 다시 말하여, 그런 주장에 대한 실증적 검토, 즉 데이터에 의한 입증이 요구됩니다. 그리고 입증의 책임은 주장하는 측에 있습니다.

제안 방법의 효과를 θ로 표기합시다. 과학(science)은 회의주의자들의 장(場)입니다. 그런고로 $\theta > 0$을 주장하기 위해서는 뭇사람들의 비아냥거림 $\theta = 0$을 실증적 증거로써 물리쳐야 합니다. 이것을 각각 H_1과 H_0로 표기하고 대안가설(대립가설, alternative hypothesis)과 영가설(귀무가설, null hypothesis)이라고 일컫습니다:

$$H_0 : \theta = 0 \quad \text{vs.} \quad H_1 : \theta > 0 .$$

데이터 $x_1, \cdots, x_n$을 수집하여 통계량 T의 값 $t = t(x_1, \cdots, x_n)$를 산출합니다. 이때, T는 큰 값일수록 H_1을 주장하는 사람이 힘을 받도록 설정됩니다.

통계적 검정의 논리는 H_1의 제안자가 "H_0 하에서 T가 t 또는 그보다 더 큰 값을 갖기 어려움"을 회의적인 동료 과학자들에 보여야 한다는 것입니다. 이제 문제는 "어려움"을 어떻게 정량화할 것인가 하는 것이죠. 데이터 $x_1, \cdots, x_n$의 가변성이 고려되어야 합니다.

이때의 핵심 개념은 p-값 (p-value)인데, 이것은 영가설 H_0 하에서 통계량 T가 t 이상의 값을 취할 확률입니다 (정의). 여기서 "검정 통계량" T는 임의표본 $X_1, \cdots, X_n$에서 산출되므로 $T = t(X_1, \cdots, X_n)$으로 표기합니다. 실제 실현된 표본은 $x_1, \cdots, x_n$, T의 실현 값은 $t = t(x_1, \cdots, x_n)$으로 표기합니다.

예 1. 모평균 θ에 대한 검정: $H_0: \theta = 0$ vs. $H_1: \theta > 0$.

한 연구자가 주장하기를 "약 A를 먹으면 체중이 증가한다"고 합시다. 연구자는 이 주장을 뒷받침하는 실증적 증거를 제시해야 합니다. 논리와 방법은 다음과 같습니다.

약 A를 먹은 "평균인"의 체중 증가량을 θ로 표기합시다. 여기서 "평균인"이란 모집단의 중심인물입니다. 실제로는 평균인을 찾을 수 없으므로 모집단에서 임의로 n명을 추출하여 체중 증가량을 측정하여 데이터 $x_1, \cdots, x_n$를 확보합니다.

검정통계량 T를 표본평균 $\overline{X}$로 합니다. 표본평균이 클수록 연구자의 주장과 합치합니다. T의 실현 값 t는 $\overline{x}$입니다.

임의표본 $X_1, \cdots, X_n$에 대한 확률모형을 세웁니다. 여기서는

$$X_1, \cdots, X_n \sim \text{i.i.d. } N(\theta, \sigma)$$

임을 가정하겠습니다. 여기서 σ는 모집단의 표준편차인데 표본 표준편차 S 및 그것의 실현 값 s로 대체하겠습니다. 이제 p-값을 구할 차례입니다.

$$\begin{aligned} \text{p-값} &= P\left\{\overline{X} \geqq \overline{x};\ H_0\right\} \\ &\simeq P\left\{\frac{\overline{X}-\theta}{S/\sqrt{n}} \geqq \frac{\overline{x}-\theta}{s/\sqrt{n}};\ H_0\right\} = P\left\{T^* \geqq \frac{\overline{x}}{s/\sqrt{n}}\right\}, \end{aligned}$$

여기서

$$T^* = \frac{\overline{X}-\theta}{S/\sqrt{n}} \tag{1}$$

는 자유도 $n-1$의 t 분포를 따르는 확률변수입니다 (정리; 증명은 수리통계학 교재 참조). t 분포에서 $\dfrac{\overline{x}}{s/\sqrt{n}}$의 오른쪽 꼬리 확률이 바로 p-값입니다. ■

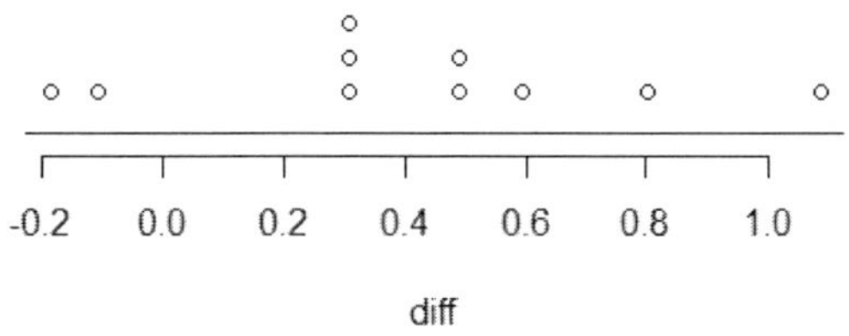

<그림 1> **diff (= matB-matA)**의 점 플롯

사례 1. **BHH2** 팩키지의 **shoes.data**는 아동용 신발에서 두 밑창 재료 A와 B 간 마모량 차이에 대한 데이터입니다. 10명의 남자 아이로부터 신발 마모량이 측정되었는데 신발 짝 중에서 임의의 한 쪽의 밑창은 A, 다른 한 쪽의 밑창은 B로 만든 것이었습니다. B의 마모량이 A의 마모량에 비해 크다는 것(= H_1)이 연구자의 주장입니다. 데이터는 다음에서 볼 수 있습니다.

```
> library(BHH2)
> data(shoes.data)
> shoes.data
   boy matA sideA matB sideB
1    1 13.2     L 14.0     R
2    2  8.2     L  8.8     R
3    3 10.9     R 11.2     L
4    4 14.3     L 14.2     R
5    5 10.7     R 11.8     L
6    6  6.6     L  6.4     R
7    7  9.5     L  9.8     R
8    8 10.8     L 11.3     R
9    9  8.8     R  9.3     L
10  10 13.3     L 13.6     R
```

A와 B 간 마모량 차이를 정의하고 점 플롯을 그려봅니다. 관측 수가 불과 10개이므로 이것으로부터 마모량 차이의 10개 값이 $N(\theta, \sigma)$ 분포를 따르는지, 아닌지를 분별 있게 말하기 어렵습니다.

```
> attach(shoes.data)
> diff <- matB - matA
> dotPlot(diff)
> mean(diff)
[1] 0.41
> sd(diff)
[1] 0.3871549
```

θ를 A와 B 간 마모량 차이 (= **matB-matA**)의 모평균이라고 할 때 영가설과 대안가설은 $H_0: \theta = 0$, $H_1: \theta > 0$로 나타내지며 검정의 결과는 다음과 같습니다.

```
> t.test(diff, alternative="greater")
One Sample t-test
data:  diff
t = 3.3489, df = 9, p-value = 0.004269
alternative hypothesis: true mean is greater than 0
95 percent confidence interval:
 0.1855736       Inf
sample estimates:
mean of x
     0.41
```

p-값이 0.4%라고 합니다. 이는 연구자에게 힘을 실어줍니다. 그의 가설은 1% 이내의 유의수준에서 지지됩니다.

이제 이 추론의 타당성 여부를 논의해 봅시다. 10명의 피실험자들이 모집단에서 임의 추출되었나요? 확인이 어려우나 아마 아닐 것입니다. 현실적 여건에서 피실험자들은 섭외되었을 것입니다. 그렇긴 해도 이 추론이 완전 허당은 아니라고 봅니다. 왜냐하면 $x_1, \cdots, x_n$이 한 피실험자에서 생성된 두 값 간 차이이므로 개인적 성향이 상쇄되기 때문입니다.

t-검정에 투입되는 $x_1, \cdots, x_n$이 정규분포 $N(\theta, \sigma)$로부터 나왔다고 할 수 있나요? 이에 답하기 위하여 <그림 1>을 참조할 수는 있지만, n이 10에 불과하므로

'그렇다'·'아니다'의 어느 한 쪽에 서기 어렵습니다. 왼발과 오른발의 차이가 없다는 전제가 필요합니다만 표본크기 n이 작아 확인이 불가합니다. 그렇지만 $X_1, \cdots, X_n$의 분포가 지나치게 비대칭이지 않다면 식 (1)의 통계량 T^*가 "근사적으로" t_{n-1} 분포를 따른다는 수리적 결과가 있으므로 이 의문에는 긍정적인 답을 하고 넘어가겠습니다.

θ가 positive 값이면 t-검정은 어떤 결과를 우리에게 제시할까요? n이 커짐에 따라 $\frac{\overline{X}}{S}$이 $\frac{\theta}{\sigma}$에 수렴하므로 (큰 값의 법칙 law of large numbers 등으로) 식 (1)의 우변 $\sqrt{n}\frac{\overline{x}}{s}$도 꽤 큰 값이 됩니다. 따라서 p-값은 0으로 퇴화합니다. 이 점은 좋습니다. 왜냐하면 $H_1: \theta > 0$가 옳은 경우 n이 커짐에 따라 $H_0: \theta = 0$가 필연적으로 기각되기 때문입니다.

그러나 일부 문제가 있습니다. θ가 작고 n이 큰 경우 실제 효과가 미미함에도 불과하고 단지 n의 크기로 인하여 연구자의 주장이 지지된다는 것이죠. 그런 이유로 "빅" 데이터에서는 통계적 검정이 "늑대소년"과 같습니다. 거의 항상 대안가설 H_1의 유의성이 "입증"됩니다.

통계적 검정에서 간과되기 쉬운 것이 효과크기(effect size)입니다. 효과크기 δ는

$$\delta = \frac{\theta}{\sigma}$$

로 정의되는데 이 값이 일정 수준 (e.g. 0.25) 이상이어야 주의할 만합니다.[13] 통계적 검정에서는 p-값과 아울러 효과크기 δ, 표본크기 n을 두루 살펴야 합니다. 요약하자면 통계적 검정을 p-값에만 의존하여 결론내지 말라는 말입니다.

데이터를 보고나서 영가설 H_0와 대안가설 H_1을 세우는 연구자가 있는데 이것은 과학성을 해치는 일입니다. 데이터를 훑으면서 100개의 가설을 검토하였다면 아무 일 없어도 대체로 5개 정도는 "통계적으로" 유의하기 때문입니다.

13) $N(0,\sigma)$ 분포에서 $\frac{X}{\sigma} \geq d$의 확률 P는 $d=0$일 때 0.5이고 $d=0.25$일 때 0.6.

4.2 신뢰구간

모집단 비율 θ에 관심을 갖고 있다고 합시다. 예컨대 평창 올림픽 여자 아이스하키에서 남북단일팀을 구성하는 데 대한 찬성 비율 같은 것입니다. 마침 가용한 데이터(크기 n)가 있어 보았더니 표본에서 (찬성) 비율이 p이었습니다. 당연히 p는 θ에 대한 정보를 가집니다. 그렇다고 p가 θ인 것은 아닙니다.

p로부터 "그럴듯한" θ의 구간을 산출하는 방법을 이 절에서 소개하고자 합니다. 사실 표본비율 p는 표본 $x_1, \cdots, x_n$의 평균 $\bar{x}$입니다. 여기서 x_i는 개체 $i(=1, \cdots, n)$가 반대이면 0, 찬성이면 1입니다.

표본 $x_1, \cdots, x_n$이 비율 θ의 모집단에서 임의추출된 경우, p는 n이 커짐에 따라 θ에 수렴해갑니다 (큰 수의 법칙, law of large numbers). 또한

$$\sum_{i=1}^{n} X_i \ (= S) \ \sim \ B(n, \theta),$$

즉

$$\text{For given } \theta, \ f(s \mid \theta) = \binom{n}{s} \theta^s (1-\theta)^{n-s}, \ \ s = 0, 1, \cdots, n-1, n$$

입니다. θ의 전(前, prior) 분포로

$$\pi(\theta) = 1, \ \ 0 < \theta < 1$$

을 고려하기로 합시다. 베이즈 정리에 따라 θ의 후(後, posterior) 분포는

$$\pi(\theta \mid s) \ \propto \ \theta^s (1-\theta)^{n-s}, \quad 0 < \theta < 1 \tag{2}$$

로 표현되는데, 이 분포는 베타분포 Beta$(s+1, n-s+1)$로 알려져 있습니다. 또한 (2)는, $s \neq 0, n$인 경우, $\hat{\theta} := \frac{s}{n}$에서 정점을 찍는 단봉 형태입니다.

<그림 2>는 $n = 10, s = 6$에서 나오는 후분포 Beta$(s+1, n-s+1)$의 밀도함수입니다. $\hat{\theta} = 0.6$에서 밀도함수가 최대임을 볼 수 있습니다. 그리고 수치적분에 의하여

$$\int_{0.5}^{0.7} \pi(\theta \mid s) d\theta = 0.515,$$

즉 $P\{ 0.5 \leq \theta \leq 0.7 \mid S = 6 \}$가 51.5% 입니다.

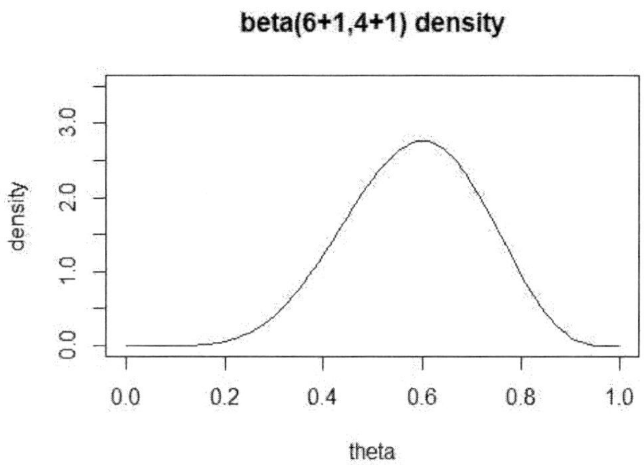

<그림 2> Beta(6+1, 4+1) 분포의 확률밀도함수

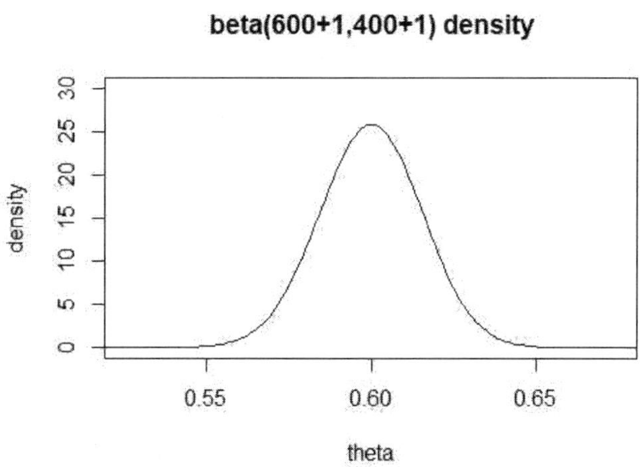

<그림 2> Beta(600+1, 400+1) 분포의 확률밀도함수

```
> pbeta(0.7,6+1,4+1) - pbeta(0.5,6+1,4+1)
[1] 0.5152813
```

앞에서는 특정 구간에 θ가 들어갈 후확률(posterior probabiltiy)을 구했는데 이제는 후확률이 0.95가 되는 θ의 구간 (c_l, c_u)을 구하려 합니다. 구간의 양 끝은

$$\int_0^{c_l} \pi(\theta \mid s)\, d\theta = 0.025, \quad \int_0^{c_u} \pi(\theta \mid s)\, d\theta = 0.975$$

에서 나옵니다. R을 써서 구한 후확률 0.95인 θ의 구간은 $(0.308, 0.833)$입니다.

```
> qbeta(0.025, 6+1, 4+1)
[1] 0.3079047
> qbeta(0.975, 6+1, 4+1)
[1] 0.8325119
```

이렇게 구해지는 구간을 95% 베이즈 신뢰구간(Bayesian credible interval)이라고 합니다. 물론 이 사례의 신뢰구간은 폭이 넓어 현실적 의미가 없습니다 (n이 10에 불과). 현실적인 예로서 $n = 1000$, $s = 600$인 경우를 생각해보기로 합시다.

이 경우 θ의 후분포는 <그림 3>과 같습니다. 밀도함수도 $\hat{\theta} = 0.6$에서 정점을 찍는 단봉 형태입니다. θ의 정의역은 $(0, 1)$이나 실제로는 $(0.55, 0.65)$ 정도로 보입니다. θ에 관한 95% 베이즈 신뢰구간은 $(0.569, 0.630)$입니다.

```
> qbeta(0.025, 600+1, 400+1)
[1] 0.5692978
> qbeta(0.975, 600+1, 400+1)
[1] 0.6299256
```

n이 크고 p가 작지 않은 경우엔 θ에 관한 95% 신뢰구간을 다음과 같이 수식으로 구할 수도 있습니다.

$$(k_{0.025}, k_{0.975}) = p \pm 1.96 \sqrt{\frac{p(1-p)}{n}}\,. \tag{3}$$

수치 예: $n = 1000$, $s = 600$인 경우, $k_{0.025} = 0.570$, $k_{0.975} = 0.630$입니다.

n이 크지 않거나 p가 작은 경우엔 식 (3)의 구간은 신뢰할 만하지 않습니다.

이런 신뢰구간이 타당하려면 표본 $x_1, \cdots, x_n$이 목표 모집단을 잘 대표하여야 합니다. 임의표본추출로 표본이 확보된 경우엔 대표성을 믿어도 되겠지만, 그렇지 않은 경우엔 신뢰구간의 타당성에 의문을 던지는 것이 당연합니다. 왜냐고요?

표본 데이터가 모집단의 일부(= 부집단 1)에서만 발생하고 나머지 일부(= 부집단 2)에서는 발생하지 않는 경우를 생각해봅시다. 그런데 부집단 1과 부집단 2의 구성 비율이 α 대 $1-\alpha$라고 합시다 ($0 < \alpha < 1$). 마지막으로 부집단 1에서 찬성 비율이 θ_1, 부집단 2에서 θ_2라고 합시다. 그러면 표본비율 p는 n이 커짐에 따라 θ_1에 수렴합니다 ($\theta = \alpha\,\theta_1 + (1-\alpha)\,\theta_2$가 아니라). 즉 p는

$$\theta_1 - \theta = (1-\alpha)(\theta_1 - \theta_2)$$

만큼의 편향(bias)을 갖습니다. 이 편향은 $\alpha = 1$이거나 $\theta_1 = \theta_2$여야 없어집니다.

운영기록으로부터 데이터가 얻어지는 "빅데이터" 상황에서는 편향의 크기가 심할 수 있으므로 조심해야 합니다. 어떤 방향으로 편향이 발생할 것 같은지 숙고가 필요합니다. 데이터가 크다고 마음 놓을 일이 아닙니다.

예컨대 평창 올림픽 여자 아이스하키에서 남북단일팀을 구성하는 데 대한 온라인 의견을 1,000건 크롤링한 결과 찬성 비율이 0.6으로 나타났다고 합시다. 이로부터 찬성률 θ에 대한 95% 신뢰구간을 구해보면 $(0.57, 0.63)$입니다. 그렇다고 해서 과반수 찬성이라고 결론지을 수 없습니다. 왜냐하면 온라인 공간에 의견을 표출하는 집단은 전체가 아니라 일부이기 때문입니다.

4.3 보론

이 장의 1절은 모평균 θ에 대한 통계적 검정을 다루었습니다. 이외에 통계적 검정의 가짓수는 수백, 수천입니다. 그러나 기본 철학은 거의 같습니다. 통계적 검정을 보는 비판적 시각을 일관성 있게 유지해야 합니다.

이 장의 2절에서는 베이즈적 관검에서 모비율 θ에 대한 95% 신뢰구간을 다루었

습니다. 신뢰구간도 데이터 상황과 가정된 모형에 따라 가짓수가 수백, 수천입니다. 방법론의 기본 골격은 같습니다. 빅데이터라고 해서 추론의 정확성이 확보되지 않는다는 점을 명심하기 바랍니다.

더 많은 통계적 검정과 신뢰구간에 대하여는 허명회 (2011)의 《R을 활용한 통계적 개념 · 방법 · 응용》(자유아카데미)을 참조하기 바랍니다.

체크포인트

p-값은 영가설 H_0 하에서 통계량 T가 관측된 t 이상의 값을 취할 확률입니다. T의 값 t가 클수록 대안가설 H_1의 제안자가 힘을 받습니다. 관측 데이터를 탐색하여 가설을 세우고 다시 그 데이터로 가설을 입증하는 것은 비과학적입니다.

표본크기 n이 클수록 θ에 대한 신뢰구간의 폭이 작아집니다. 그렇다고 해서 정확성이 자동으로 높아지는 것은 아닙니다. 소위 “빅데이터”에서는 신뢰구간 추론 시 편향이 우려됩니다.

R 스크립트

4.1절 `4_shoes.R`

4.2절 `4_beta.R`

5장. 회귀모형

관심 변수가 수치형(연속형)인 데이터 분석에서 회귀모형은 그 변수의 변이가 무엇과 어떻게 연관되어 있는가를 다룹니다. 이 장에서는 설명이 목적인 회귀분석에서 선형회귀 모형과 lowess, 일반화 가법모형 등 비선형적 회귀를 다룹니다.

5.1 산점도와 단순선형회귀

수치형 관심 변수 Y에 대하여 그것과 연관성이 있을 것으로 생각된 제2의 변수 X가 수치형인 경우 산점도(散點圖, scatter plot)가 자연스러운 시각화입니다.[14]

예로서, `cars` 데이터에서 `speed` (= 자동차 속도)와 `dist` (= 제동 거리) 간 관계를 봅시다. <그림 1>이 `dist` 대 `speed`의 산점도입니다. 당연하게, `speed`가 클수록 `dist`가 길어집니다. 그러면 `speed`의 특정 값에서 기대되는 `dist`는 얼마일까요? 이에 답하기 위하여 일반적인 맥락에서 다음과 같이 접근합니다.

목표변수(target variable; 반응변수, 종속변수)를 Y로 표기하고 이 변수와 연관된 제2의 변수인 공변량(covariate; 설명변수, 예측변수)을 X로 표기합니다. Y에 영향을 주는 변수가 X 말고도 여럿 있을 수 있으므로 그런 요인들의 총체적 효과를 ϵ으로 표기합니다. 이를 수식화하여

$$Y = h(X; \underline{\theta}\,) + \epsilon\,, \quad \epsilon \sim \dot{N}(0, \sigma) \tag{1}$$

로 씁니다. 여기서 $\dot{N}(0, \sigma)$은 꼭 정규분포라기보다는 대략 "0을 중심으로 대칭적이고 일정한 산포 σ를 갖는 확률분포"로 생각하면 됩니다. 그리고 $h(X; \underline{\theta})$는 $\underline{\theta}$에 의해 인덱스되는 일정 유형 군에 속하는 X의 함수를 말합니다. (1)을 회귀모형(回歸模型, regression model)이라 합니다.

---

14) 제2의 변수 X가 범주형인 경우엔 평행 상자그림(parallel box plots)이 좋습니다. 이에 대하여는 1장에서 다룬 바 있습니다.

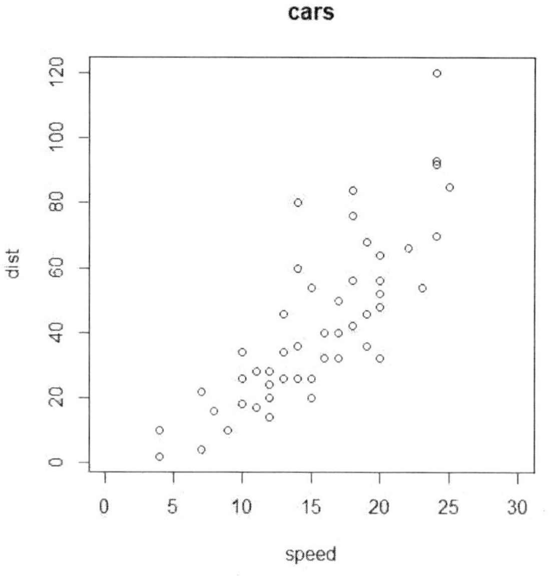

<그림 1> dist 대 speed의 산점도

회귀모형 (1)의 가장 간단한 경우가 단순선형회귀(simple linear regression)입니다. 즉,

$$Y = \beta_0 + \beta_1 X + \epsilon\,,\ \ \epsilon \sim \dot{N}(0\,,\sigma) \tag{2}$$

이고 여기서 (β_0, β_1)가 식 (1)의 $\underline{\theta}$에 해당합니다.

모형의 적합을 위해서는 데이터가 필요합니다. 그것을 $(x_1, y_1), \cdots, (x_n, y_n)$이라고 할 때, 모형 (2)에서 β_0와 β_1을 적합 시키는 전형적 방법은 최소제곱법, 즉

$$\min_{\beta_0, \beta_1} \sum_{i=1}^{n} (y_i - \beta_0 - \beta_1 x_i)^2$$

입니다. 이것의 해는 다음과 같습니다.

$$\hat{\beta}_1 = \frac{\sum_{i=1}^{n} (x_i - \overline{x})(y_i - \overline{y})}{\sum_{i=1}^{n} (x_i - \overline{x})^2}, \quad \hat{\beta}_0 = \overline{y} - \hat{\beta}_1 \overline{x}\,.$$

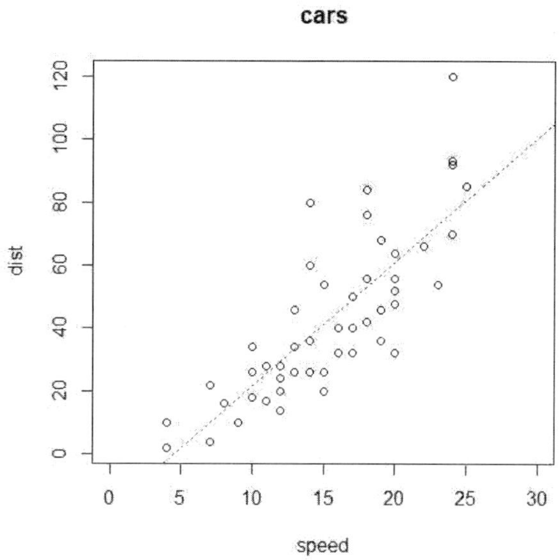

<그림 2> **dist**를 **speed**에 선형 회귀한 결과

cars 데이터 사례에서 β_0와 β_1의 적합 값은 각각 -17.6과 3.93입니다. <그림 2>에서 점선은 **dist**를 **speed**에 선형 회귀한 결과입니다.

```
> data(cars)
> str(cars)
'data.frame':   50 obs. of  2 variables:
 $ speed: num  4 4 7 7 8 9 10 10 10 11 ...
 $ dist : num  2 10 4 22 16 10 18 26 34 17 ...
> attach(cars)
> mod.1 <- lm(dist ~ speed)
> mod.1
Coefficients:
(Intercept)        speed
    -17.579        3.932
> plot(dist ~ speed, xlim=c(0,30), main="cars")
> abline(lm(dist ~ speed), col="red", lty="dotted")
```

<그림 2>에서 관측된 개체 점들과 적합 선을 대조해보면 적합 선이 다소 경직된 감을 줍니다. 직선보다는 아래로 볼록하게 약간 휜 곡선이 낫지 않나요? 이에 대하여는 이 장의 3절에서 다루겠습니다.

5.2 다중선형회귀

수치형 목표변수 Y에 대하여 숙고해보면 처음의 공변량 X 외에 제2, 제3, ⋯의 공변량으로부터 Y가 영향을 받을 것으로 생각될 수 있습니다. 2개 이상의 공변량들을 $X_1, X_2, \cdots, X_p$라고 하고 데이터를 확보했다고 합시다. 그러면 Y에 대한 회귀모형이

$$Y = h(X_1, X_2, \cdots, X_p; \underline{\theta}) + \epsilon,\ \epsilon \sim \dot{N}(0, \sigma)$$

로 표현됩니다. 그리고 이것의 간단한 형태인 선형회귀모형은

$$Y = \beta_0 + \beta_1 X_1 + \beta_2 X_2 + \cdots + \beta_p X_p + \epsilon,\ \epsilon \sim \dot{N}(0, \sigma) \tag{3}$$

입니다. 모형 (3)의 적합을 위해서는 데이터로

$$(x_{11}, x_{12}, \cdots, x_{1p}, y_1), \cdots, (x_{n1}, x_{n2}, \cdots, x_{np}, y_n)$$

이 가용한 경우, $\beta_0, \beta_1, \cdots, \beta_p$는 잔차제곱 합의 최소화

$$\min_{\beta_0, \beta_1, \cdots, \beta_p} \sum_{i=1}^{n} (y_i - \beta_0 - \beta_1 x_{i1} - \cdots - \beta_p x_{ip})^2$$

을 통해 얻습니다. 이것의 해는 다음과 같이 행렬대수 계산으로부터 산출됩니다.

$$\hat{\underline{\beta}} = (X^t X)^{-1} X^t \underline{y},$$

여기서 $\underline{\beta}$는 $(\beta_0, \beta_1, \cdots, \beta_p)^t$이고 $\underline{y} = (y_1, \cdots, y_n)^t$입니다. 그리고 X는 $1+p$개 열 벡터 $\underline{1}, \underline{x}_1, \cdots, \underline{x}_p$가 병합된 $n \times (1+p)$ 행렬입니다:

$$\underline{1} = (1, \cdots, 1)^t,\ \underline{x}_j = (x_{1j}, \cdots, x_{nj})^t,\ j = 1, \cdots, p.$$

즉,

$$X = (\underline{1}, \underline{x}_1, \cdots, \underline{x}_p) : n \times (1+p).$$

mosaic 팩키지의 **SAT** 데이터는 미국수능(scholastic aptitude test)에서 50개 주의 수능점수(평균) **sat**, 교사의 연봉(평균) **salary**, 시험응시자 비율 **frac** 등의 변수들을 담고 있습니다. **sat** $(= Y)$를 **salary** $(= X_1)$과 **frac** $(= X_2)$에 회귀시켜보겠습니다. 교사연봉이 높을수록, 시험응시자 비율이 낮을수록 수능점수(평균)이 높아질 것으로 예상됩니다.

```
> library(mosaic)
> data(SAT)
> str(SAT)
'data.frame':   50 obs. of  8 variables:
 $ state : Factor w/ 50 levels "Alabama","Alaska",..: 1 2 3 4 5 ...
 $ expend: num  4.41 8.96 4.78 4.46 4.99 ...
 $ ratio : num  17.2 17.6 19.3 17.1 24 18.4 14.4 16.6 19.1 16.3 ...
 $ salary: num  31.1 48 32.2 28.9 41.1 ...
 $ frac  : int  8 47 27 6 45 29 81 68 48 65 ...
 $ verbal: int  491 445 448 482 417 462 431 429 420 406 ...
 $ math  : int  538 489 496 523 485 518 477 468 469 448 ...
 $ sat   : int  1029 934 944 1005 902 980 908 897 889 854 ...
> attach(SAT)
```

일차적으로 **sat** $(= Y)$를 **salary** $(= X_1)$에 회귀 시켜보겠습니다. 그 결과는

```
> lm(sat ~ salary)
Coefficients:
(Intercept)       salary
   1158.86         -5.54
```

입니다 (**salary**와 **sat** 간 상관계수는 -0.44). "교사연봉이 높을수록 수능점수가 낮아진다"는 것이니 이상하지 않나요? 이와 같이 적합 모형이 도저히 합리적이지 않은 경우가 있습니다. 가능한 원인 중 하나는 Y에 영향을 주면서 X_1과 연관성이 높은 제3의 변수 X_2, 즉 교락변수(交絡變數, confounding variable)가 고려되지 않았기 때문입니다.

이런 상황을 구원할 교락변수는 시험응시자 비율 **frac**입니다. <그림 3>을 보세요 (**frac**와 **salary** 간 상관계수는 0.62, **frac**과 **sat** 간 상관계수는 -0.89).

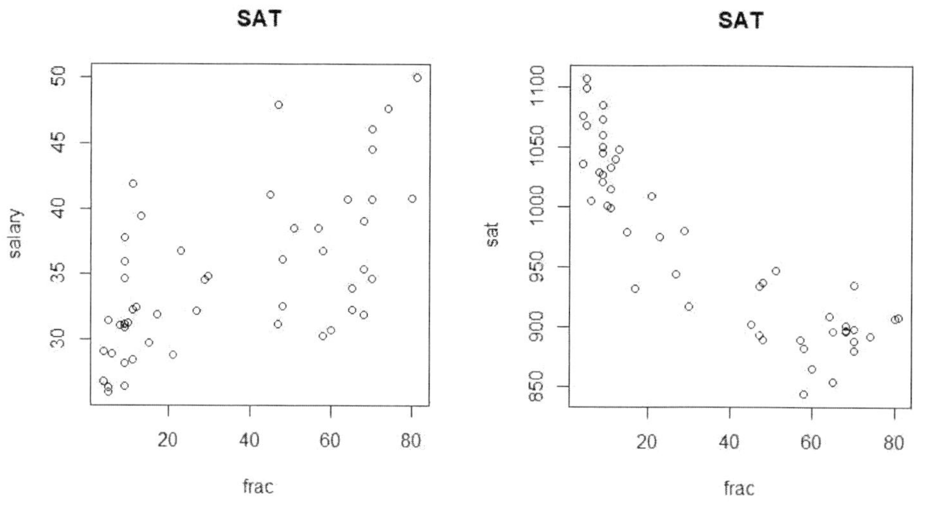

<그림 3> 제3의 변수 frac과 다른 변수들 간의 연관성

```
> windows(height=4.5, width=8)
> par(mfrow=c(1,2))
> plot(frac, salary, main="SAT")
> plot(frac, sat, main="SAT")
```

sat를 salary과 frac에 회귀 시킨 결과는 다음과 같습니다.

```
> lm(sat ~ salary + frac)
Coefficients:
(Intercept)       salary        frac
    987.900        2.180      -2.779
```

이제 교사연봉 salary의 계수가 플러스로 돌아왔습니다. 시험응시자 비율 frac이 통제된 상황에서 salary는 플러스 효과를 주는 요인인 것입니다. 그리고 시험응시자 비율 frac의 계수가 마이너스인데, 교사연봉 salary가 일정한 수준에서는 응시자가 소수일수록 수능점수가 큰 것은 당연합니다.[15]

15) 교사연봉은 교육의 질적 수준으로 이어지고 응시자 비율이 작다는 것은 공부를 잘하는 소수의 학생들이 시험에 응시한다는 의미이므로.

다중선형회귀에서의 변수선택

가용 공변량(설명변수)이 많은 경우에는 회귀모형에 모두 투입하는 것보다 그 중 일부만 선택하여 쓰는 것이 좋습니다. 모형의 평가는 정보량 기준에 의하며 정보량 기준(Information Criterion)에는 AIC(Akaike __)와 BIC(Bayesian __)가 있습니다. 두 기준 모두

$$\text{Information Criterion} = -2 \cdot \max_{\underline{\theta}} \log_e L(\underline{\theta}) + k \cdot \dim(\underline{\theta})$$

의 형태인데 이 값이 작은 모형이 상대적으로 선호됩니다. AIC에서는 $k = 2$ 이고 BIC에서는 $k = \log_e n$ 입니다.

변수선택의 방법은 큰 모형에서 시작하여 정보량 기준을 감소시키는 변수를 제거하되 필요하다면 변수를 추가하는 "both" 방법 등이 있습니다. R에서 **MASS** 팩키지의 **stepAIC()**에 변수선택 기능이 구현되어 있습니다.

앞의 **SAT** 데이터에서 반응변수 **sat**에 대한 회귀모형에 **salary, frac, expend, ratio** 등 4개의 설명변수를 넣고[16] 이 중에서 필요한 것만 선택하겠습니다. BIC를 정보량 기준으로 지정하였습니다.

```
> library(MASS)
> model.4 <- lm(sat ~ ., data=SAT[, c(4,5,2,3,8)])
> summary(model.4)
Coefficients:
             Estimate Std. Error t value Pr(>|t|)
(Intercept) 1045.9715    52.8698  19.784  < 2e-16 ***
salary         1.6379     2.3872   0.686    0.496
frac          -2.9045     0.2313 -12.559 2.61e-16 ***
expend         4.4626    10.5465   0.423    0.674
ratio         -3.6242     3.2154  -1.127    0.266
---
Residual standard error: 32.7 on 45 degrees of freedom
Multiple R-squared:  0.8246,    Adjusted R-squared:  0.809
F-statistic: 52.88 on 4 and 45 DF,  p-value: < 2.2e-16
```

16) ratio는 교사 1인당 학생 수이고 expend는 학생 1인당 지출비용입니다.

```
> step <- stepAIC(model.4, direction="both", k = log(nrow(SAT)))
Start:  AIC=363.04                       ← 시작: 4개 설명변수 모형
sat ~ salary + frac + expend + ratio
        Df Sum of Sq    RSS    AIC
- expend  1       191  48315 359.32      ← expend를 제거하는 것이 최선
- salary  1       503  48627 359.64
- ratio   1      1359  49483 360.52
<none>                 48124 363.04
- frac    1    168688 216812 434.39

Step:  AIC=359.32                        ← 새 단계
sat ~ salary + frac + ratio
        Df Sum of Sq    RSS    AIC
<none>                 48315 359.32      ← 제거/추가가 없는 현재가 최선
- ratio   1      5023  53338 360.36
- salary  1      6782  55097 361.98
+ expend  1       191  48124 363.04
- frac    1    171126 219441 431.08

> summary(step)
Coefficients:                            ← 변수선택의 종료된 '최종' 모형
             Estimate Std. Error t value Pr(>|t|)
(Intercept) 1057.8982    44.3287  23.865  <2e-16 ***
salary         2.5525     1.0045   2.541  0.0145 *
frac          -2.9134     0.2282 -12.764  <2e-16 ***
ratio         -4.6394     2.1215  -2.187  0.0339 *
---
Residual standard error: 32.41 on 46 degrees of freedom
Multiple R-squared:  0.8239,    Adjusted R-squared:  0.8124
F-statistic: 71.72 on 3 and 46 DF,  p-value: < 2.2e-16
```

4개 설명변수 salary, frac, expend, ratio 중 expend가 제거되고 나머지 3개가 남아 최종 모형을 형성하였습니다. expend와 salary는 상관이 큰 "경쟁" 관계인데 그런 상황에서는 두 변수가 같이 모형에 들어가기 어렵습니다.

5.3 산점도 평활 lowess

5.1절에서는 관심변수 Y에 1개의 공변량 X에 회귀하면서 회귀함수를 $\beta_0+\beta_1 x$로 놓은 바 있습니다 (여기서 x는 X의 값). 그런데 이것은 모형화의 제1 원칙 "절약성의 원리 (principle of parsimony)"에 대한 지나친 믿음이 아닐 수 없습니다. 회귀함수가 직선형이 아니라 곡선형일 수 있으니까요.

lowess (locally weighted scatterplot smoothing) 방법은 다음 알고리즘으로 곡선형의 회귀함수를 만들어냅니다.

$x_1 < x_2 < \cdots < x_n$을 전제합니다. 각 $i\,(=1, \cdots, n)$에 대하여

1) $x = x_i$를 중심으로 너비 $K\,(=2k+1)$의 윈도우를 만듭니다: 윈도우에는 다음 개체들이 포함됩니다.[17)]

$$(x_{i-k}, y_{i-k}),\ \cdots,\ (x_{i-1}, y_{i-1}), (x_i, y_i),\ (x_{i+1}, y_{i+1}),\ \cdots,\ (x_{i+k}, y_{i+k}).$$

2) 개체 $i+j$에 다음과 같은 가중치 w_j가 부여됩니다 ($j=0, \pm 1, \cdots, \pm k$).

$$w_j = \left(1-(d_j/d_{\max})^3\right)^3,$$

여기서 $d_j = |x_{i+j} - x_i|$이고 $d_{\max} = \max(d_0, d_{\pm 1}, \cdots, d_{\pm k})$입니다. 따라서 $w_0 = 1$이 가중치들 중에서 가장 큽니다.

3) 윈도우 내에서 가중최소제곱(weighted least squares) 법으로 $y = \alpha_0 + \alpha_1 x$의 적합선을 찾습니다.[18)] $x = x_i$에서의 회귀적합 값은 $\hat{y}_i = \hat{\alpha}_0 + \hat{\alpha}_1 x_i$입니다.

n개 점 $(x_1, \hat{y}_1), \cdots, (x_i, \hat{y}_i), \cdots, (x_n, \hat{y}_n)$을 선분으로 연결합니다. 이것이 lowess 선입니다.[19)] lowess는 비모수적 회귀(nonparametric regression)의 일종입니다.

---

17) 어떤 i에서는 너비 $K(=2k+1)$의 윈도우에 포함되는 개체 수가 K보다 작습니다. 그러나 항상 $K/2$보다 큽니다.

18) $\sum_{j=-k}^{k} w_j (y_{i+j} - \alpha_0 - \alpha_1 x_{i+j})^2$를 α_0와 α_1에 대하여 최소화합니다. 이렇게 찾은 파라미터를 $\hat{\alpha}_0$와 $\hat{\alpha}_1$으로 표기합니다.

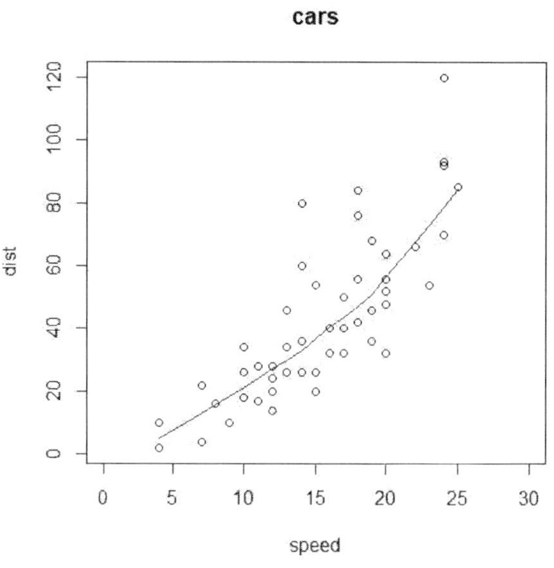

<그림 4> **dist** 대 **speed**: 산점도 평활 lowess 곡선 ($f = 0.67$)

<그림 4>는 5.1절의 **cars** 데이터에서 **dist** 대 **speed**의 산점도에 lowess 곡선을 추가한 그래프입니다. <그림 2>의 회귀직선과 비교하여 다소 볼록한 함수가 모습을 드러냈습니다.

```
> plot(dist ~ speed, xlim=c(0,30), main="cars")
> lines(lowess(dist ~ speed), col="blue")
```

이상에서 적용된 평활 너비 K는 R의 **lowess()** 함수에서 디폴트인 $0.67n$ 입니다. 상대적 평활너비 $f\ (= K/n)$가 클수록 lowess 회귀선이 직선 형태가 되고 f가 작을수록 lowess 회귀선이 굴곡진 형태가 됩니다. 시각적으로 지나치게 단순하거나 반대로 지나치게 굴곡진 형태가 되는 것은 좋지 않습니다.

<그림 5>는 같은 데이터에 상대적 평활너비 f를 0.33으로 줄였을 때의 lowess 곡선입니다. 굴곡이 지나치다고 봐야겠지요. 반면 <그림 6>은 상대적 평활너비 f를 2로 늘였을 때의 lowess 곡선입니다. 거의 직선에 가깝습니다 (완전히 직선이 아닌 이유는 개체별로 약간씩 다른 가중치가 적용되기 때문입니다).

---

19) 따라서 엄격히 말하면 곡선이라기보다는 선분들의 연결(connected segments)입니다.

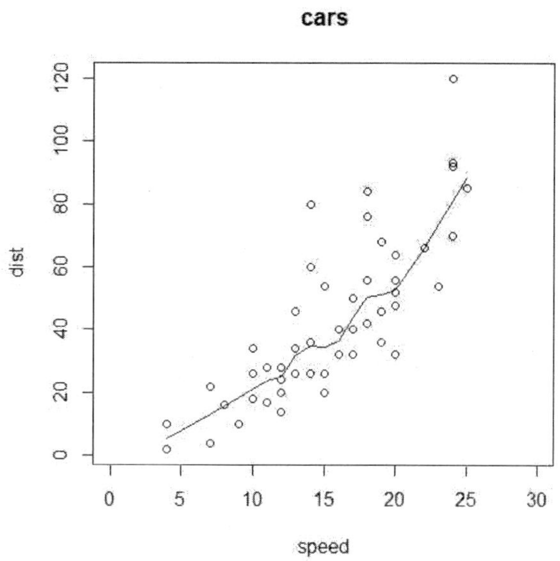

<그림 5> **dist** 대 **speed**: 산점도 평활 lowess 곡선 ($f = 0.33$)

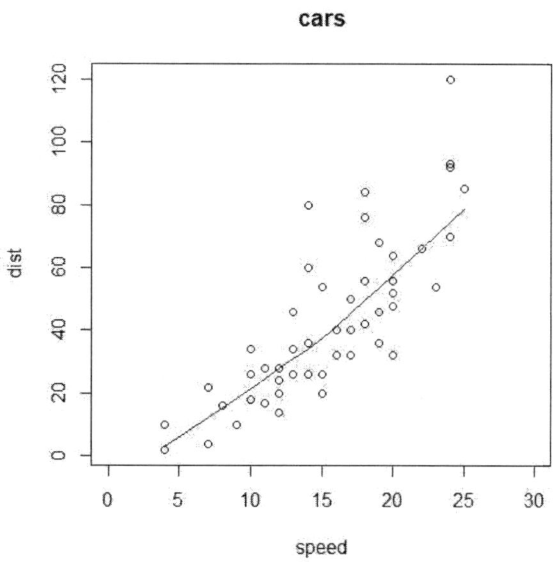

<그림 6> **dist** 대 **speed**: 산점도 평활 lowess 곡선 ($f = 2$)

5.4 일반화 가법모형 gam

5.2절에서 공변량이 2개 이상인 선형회귀 모형을 다룬 바 있습니다. 그리고 5.3절에서는 공변량이 1개인 비모수적 회귀를 해냈습니다. 이를 결합하여 p개 공변량이 포함된 다음 형태의 비모수적 회귀 모형을 고려할 수 있습니다.

$$Y = \mu + h_1(X_1) + \cdots + h_p(X_p) + \epsilon, \ \epsilon \sim \dot{N}(0, \sigma). \quad (4)$$

여기서 $h_j(x_j)$는 x_j의 매끄러운(smooth) 불특정 함수입니다. 이런 모형이 일반화 가법모형(generalized additive model, gam)입니다.

모형적합 알고리즘은 다음과 같습니다 ($p=2$).[20]

0) $\hat{h}_1(X_1) = 0$, $\hat{h}_2(X_2) = 0$으로 놓습니다.
1) $Y - \hat{h}_2(X_2)$를 X_1에 회귀 시킵니다 (비모수적 회귀). $\hat{h}_1(X_1)$이 얻어집니다.
2) $Y - \hat{h}_1(X_1)$을 X_2에 회귀 시킵니다 (비모수적 회귀). $\hat{h}_2(X_2)$가 얻어집니다.
3) $\hat{h}_1(X_1)$과 $\hat{h}_2(X_2)$의 변화가 무시될 정도이면 $\hat{h}_1(X_1)$과 $\hat{h}_2(X_2)$를 출력하고 알고리즘을 종료합니다. 그렇지 않으면 단계 1로 돌아갑니다.

5.2절의 SAT 데이터 사례에서 관심변수 sat를 2개의 공변량 salary와 frac에 회귀하여 보겠습니다. 여기서 함수 $h_j(x_j)$는 natural spline으로 합니다.[21] <그림 7>이 R 계산 결과입니다.[22] salary 효과의 증가 패턴이 선형적인 반면 frac 효과의 감소 패턴은 비선형적으로 나타났습니다.

```
> library(mgcv)
> mod.2 <- gam(sat ~ s(salary, k=4) + s(frac, k=4))
> plot(mod.2)
```

---

20) p가 3 이상인 경우, 이 알고리즘이 어떻게 확장될 수 있는지 생각해보세요.
21) natural spline은 내부 구간들에서 3차 다항식이고 구간 매듭에서 연속이며 1차 및 2차 미분계수가 연속이며 양 끝 구간에서는 선형인 함수입니다. natural spline은 내부 매듭 수가 클수록 더 유연한 형태를 취합니다.
22) gam() 함수에서 s()는 natural spline을 의미하면 인수 k는 natural spline을 구성하는 파라미터의 수입니다. 따라서 k가 클수록 함수의 유연성이 증가합니다.

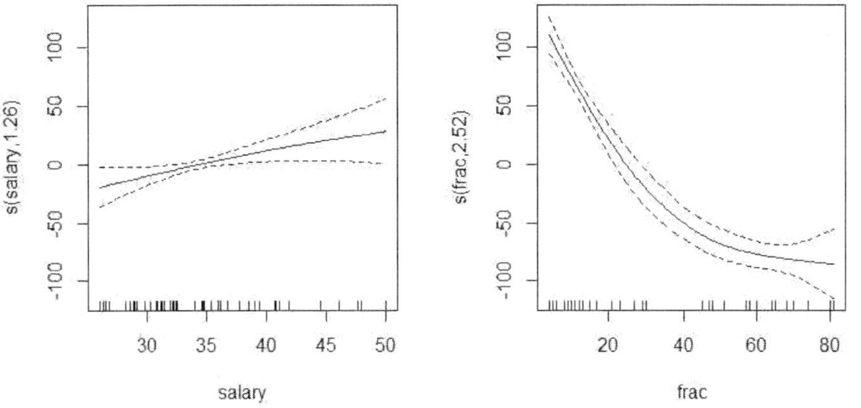

<그림 7> 일반화 가법모형으로 sat를 salary와 frac에 회귀한 결과

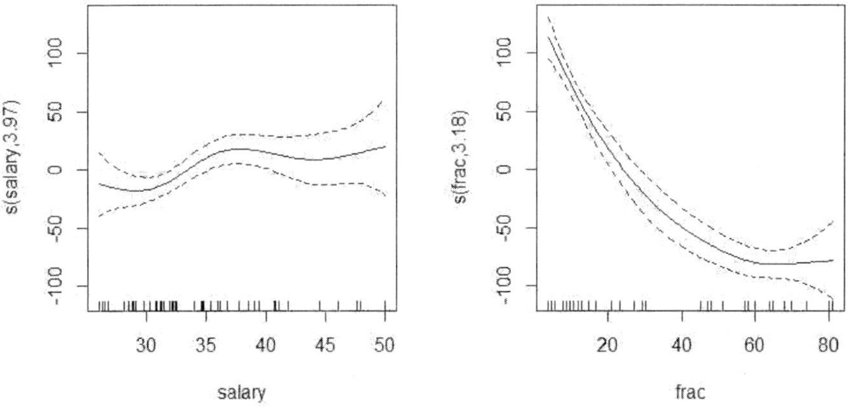

<그림 8> sat를 salary와 frac에 회귀한 다른 결과: 더 유연한 함수를 쓴 경우

<그림 8>은 더 유연한 natural spline을 쓴 결과입니다.

```
> mod.2a <- gam(sat ~ s(salary, k=10) + s(frac, k=10))
> plot(mod.2a)
```

5.5 보론

이 장은 단순선형회귀에서 시작하여 공변량(설명변수)을 2개 이상으로, 모수적 회귀함수에서 비모수적 회귀함수로 회귀모형을 확장하였습니다. 이 장의 회귀모형은 설명(explanation)을 목적으로 한 것이어서, 가용 데이터를 모형적합을 위한 “training” 데이터와 모형평가를 위한 “test” 데이터로 분할하지 않았습니다 (실제로 “training” 데이터만 쓴 셈입니다). 예측 목적의 회귀분석은 7장에서 더욱 확장된 회귀모형인 회귀나무(regression tree) 및 랜덤 포레스트(random forest)와 함께 다루려합니다.

체크포인트

공변량(설명변수)가 $p\,(\geq 1)$개인 다중선형회귀 모형은

$$Y = \beta_0 + \beta_1 X_1 + \beta_2 X_2 + \cdots + \beta_p X_p + \epsilon\,,\ \epsilon \sim \dot{N}(0\,,\sigma)$$

로 표현됩니다. 여기서 ϵ은 오차항으로 정규분포 $N(0,\sigma)$와 비슷한 대칭분포를 말합니다. 여기서 각 공변량의 효과는 선형적입니다. 이를 확장한 모형이 일반화가법모형(generalized additive model, gam)으로 모형 식이

$$Y = \mu + h_1(X_1) + \cdots + h_p(X_p) + \epsilon\,,\ \epsilon \sim \dot{N}(0\,,\sigma)$$

로 표현됩니다. 여기서 $h_j(x_j)$는 x_j의 매끄러운(smooth) 함수입니다.

lowess (locally weighted scatterplot smoothing) 곡선은 두 수치형 변수 간 산점도에 유연한 형태의 비모수적 경향곡선을 제시합니다.

R 스크립트

5.1절　5_cars.R

5.2절　5_SAT.R

5.3절　5_cars.R

5.4절　5_SAT.R

6장. 분류모형

이항형 분류모형은 목표변수의 2개 값(=0,1)이 무엇과 어떻게 관련 있는가를 정량화합니다. 이를 활용한 예측은 현실에서 응용적 가치가 큽니다. 이 장에서는 로지스틱 회귀와 일반화 가법모형 등의 이항형 분류모형을 다룹니다.

6.1 로지스틱 회귀

3장에서 다루었던 `weather{rattle.data}` 데이터를 다시 생각해보기로 합니다. “다음 날 비가 오는지”인 `RainTomorrow` (=No, Yes)가 관심 변수인데 “당일 오후 3시의 구름양”인 `Cloud3pm`을 예측변수로 고려하기로 합시다. 그런데 이 변수는 0부터 8까지의 정수 값을 취합니다. 그러니 사전 구간화 없이 `RainTomorrow`와의 모자이크 플롯을 그릴 수 있습니다. <그림 1>을 보세요. 약간의 굴곡이 있지만 구름양이 많아짐에 따라 강수 확률도 커지는 것으로 보입니다.

이항형 반응을 $Y(=0,1)$로 나타내고 이와 연관된 공변량 변수를 X, 그 값을 x로 나타내기로 합니다. 단순 로지스틱 회귀에 의한 분류모형은

$$\log_e \frac{P\{Y=1 \mid x\}}{P\{Y=0 \mid x\}} = \beta_0 + \beta_1 x \tag{1}$$

입니다. 그러니까 $X=x$에 조건화하여 $Y=1$ 대 $Y=0$의 로그 오즈(log odds)가 x의 선형 함수로 표현된다는 것입니다. 모형 식 (1)은

$$P\{Y=1 \mid x\} = \frac{\exp(\beta_0 + \beta_1 x)}{1+\exp(\beta_0 + \beta_1 x)} \tag{2}$$

로도 표현됩니다. (2)는 x의 함수로서 <그림 2>와 같은 “로지스틱 곡선” 형을 취합니다.

(x_1, y_1), $\cdots$, (x_n, y_n)으로부터 모형 (1)의 파라미터 β_0와 β_1을 추정하는 방법은 최대가능도 추정(maximum likelihood estimation, MLE)입니다. MLE는 가능도(likelihood; 우도, 尤度) 함수

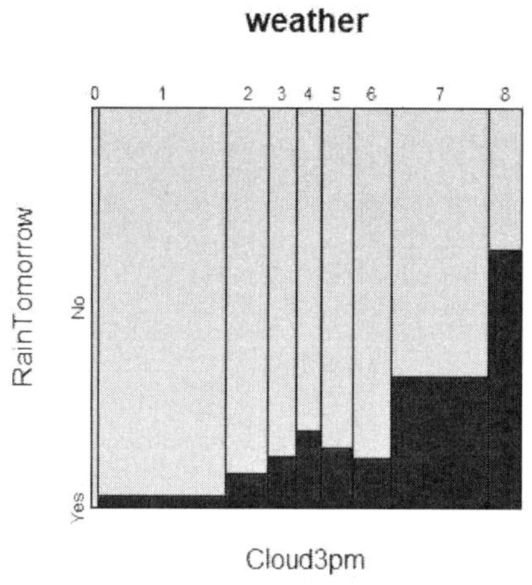

<그림 1> Cloud3pm과 RainTomorrow의 관계: 모자이크 플롯

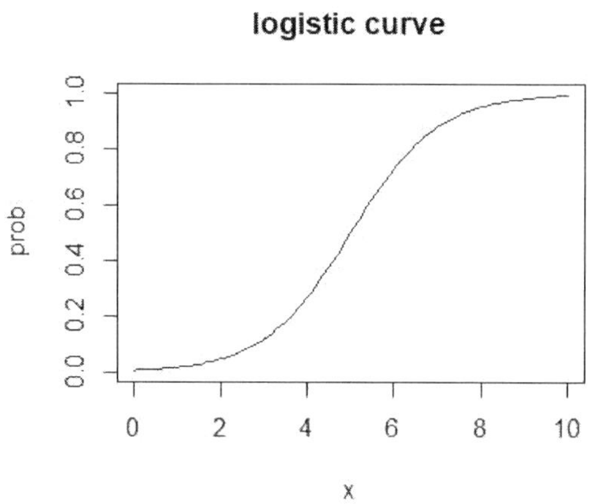

<그림 2> 로지스틱 곡선: $\beta_0 = -0.5$, $\beta_1 = 1$

$$\prod_{i=1}^{n}\left[\frac{\exp(\beta_0+\beta_1 x_i)}{1+\exp(\beta_0+\beta_1 x_i)}\right]^{y_i}\left[\frac{1}{1+\exp(\beta_0+\beta_1 x_i)}\right]^{1-y_i}$$

를 β_0와 β_1에 대하여 최대화하여 얻습니다.[23)]

weather 데이터에서 **RainTomorrow**를 **Cloud3pm**에 로지스틱 회귀한 결과는 다음과 같습니다 (즉, $\hat{\beta}_0 = -3.87$, $\hat{\beta}_1 = 0.469$).

```
> library(rattle.data)
> data(weather);  str(weather);  attach(weather)
> mod.1 <- glm(RainTomorrow ~ Cloud3pm, family="binomial")
> mod.1
Coefficients:
(Intercept)     Cloud3pm
    -3.8668       0.4685
Degrees of Freedom: 365 Total (i.e. Null);  364 Residual
Null Deviance:      345.4
Residual Deviance: 285  AIC: 289
```

출력모형 **mod.1**에는 **fitted**라는 벡터가 있는데 여기에 개체별로 로그 오즈 (1)의 적합 값이 있습니다. 이 값이 일정 값 *cut* 이상일 때 비가 올 것으로 예측하고 그렇지 않을 때 비가 오지 않을 것으로 예측하기로 합니다. 남은 문제는 *cut* 값의 설정입니다.

한 방법은 **mod.1$fitted**를 크기 순서로 정렬하였을 때 순위(rank)가 **weather** 데이터에서 다음 날 비가 오지 않은 날의 빈도인 300 이하이면 예측값 **pred.1a**를 "no rain"으로, 그렇지 않으면 "rain"으로 하는 것입니다. 그러고 나서 어느 정도 정확한가를 보기 위하여 예측범주 **pred.1a**와 실제관측 **RainTomorrow**의 교차표, 즉 분류표를 작성합니다.

```
> pred.1 <- ifelse(rank(mod.1$fitted, ties.method="average") <= 300, 0, 1)
> pred.1a <- factor(pred.1, labels=c("no rain","rain"))
```

23) 뉴튼-라프슨 등 여러 수치적 방법이 있습니다. 여기서는 다루지 않겠습니다.

```
> table(pred.1a, RainTomorrow)
         RainTomorrow
pred.1a    No Yes
  no rain 290  48
  rain     10  18
```

위음 예측률(false negative prediction rate)은 20.2% $(=48/(290+48))$, 위양 예측률(false positive prediction rate)은 35.7% $(=10/(18+10))$, 총 정확도(overall accuracy)는 84.2% $(=(290+18)/366)$입니다.

(1)의 로지스틱 회귀 모형을 2개 공변량을 포함할 수 있게 확장하여 봅시다. 이항형 반응을 $Y(=0,1)$로 나타내고 연관된 공변량 변수를 X_1과 X_2, 그 값을 x_1과 x_2로 나타내기로 합니다. 이때, 다중 로지스틱 회귀에 의한 분류모형은

$$\log_e \frac{P\{Y=1 \mid x_1, x_2\}}{P\{Y=0 \mid x_1, x_2\}} = \beta_0 + \beta_1 x_1 + \beta_2 x_2$$

입니다. 마찬가지로

$$P\{Y=1 \mid x_1, x_2\} = \frac{\exp(\beta_0 + \beta_1 x_1 + \beta_2 x_2)}{1+\exp(\beta_0 + \beta_1 x_1 + \beta_2 x_2)}$$

로도 표현됩니다. 모형계수 $\beta_0, \beta_1, \beta_2$는 최대가능도 추정으로 얻어집니다.

weather 데이터에서 RainTomorrow를 Cloud3pm과 Pressure3pm에 로지스틱 회귀한 결과는 다음과 같습니다 (즉, $\hat{\beta}_0 = 150.8$, $\hat{\beta}_1 = 0.454$, $\hat{\beta}_2 = -0.152$).

```
> mod.2 <- glm(RainTomorrow ~ Cloud3pm + Pressure3pm, family="binomial")
> mod.2
Coefficients:
(Intercept)     Cloud3pm  Pressure3pm
   150.7806       0.4544      -0.1523
Degrees of Freedom: 365 Total (i.e. Null);  363 Residual
Null Deviance:      345.4
Residual Deviance: 245  AIC: 251
```

다음은 예측값 pred.2a와 실제값 RainTomorrow 간 교차표입니다. 위음 예측률 9.7%, 위양 예측률 43.9%, 총 정확도 84.2% $(=(271+37)/366)$입니다.

```
> pred.2 <- ifelse(rank(mod.2$fitted, ties.method="average") <= 300, 0, 1)
> pred.2a <- factor(pred.2, labels=c("no rain","rain"))
> table(pred.2a, RainTomorrow)
         RainTomorrow
pred.2a    No Yes
  no rain 271  29
  rain     29  37
```

이항형 반응을 $Y(=0,1)$로 나타내고 연관된 공변량 변수가 $X_1, \cdots, X_p$ 등 p개인 경우의 다중 로지스틱 회귀에 의한 분류모형은

$$\log_e \frac{P\{Y=1 \mid x_1, \cdots, x_p\}}{P\{Y=0 \mid x_1, \cdots, x_p\}} = \beta_0 + \beta_1 x_1 + \cdots + \beta_p x_p$$

입니다. 마찬가지로 모형계수 $\beta_0, \beta_1, \cdots, \beta_p$는 최대가능도 추정으로 얻습니다.

선형회귀에서와 마찬가지로 로지스틱 회귀에서도 AIC 기준에 따른 변수선택을 할 수 있습니다. **weather** 사례에서 데이터 탐색을 통해 **Cloud3pm**, **Pressure3pm** 외에 **Humidy3pm**과 **Sunshine**이 잠재적으로 영향력이 있는 설명변수로 탐지되었다고 합시다. 이 중에서 꼭 필요한 변수는 일부일 수 있습니다.

```
> mod.4 <- glm(RainTomorrow ~ Cloud3pm + Pressure3pm + Sunshine
+              + Humidity3pm, family="binomial")
> library(MASS)
> stepAIC(mod.4, direction="both", k=log(nrow(weather)))

Start:  AIC=251.1                          ← 시작: 4개 설명변수 모형
RainTomorrow ~ Cloud3pm + Pressure3pm + Sunshine + Humidity3pm

              Df Deviance    AIC
- Humidity3pm  1   223.21 246.82           ← Humidity3pm 제거
- Sunshine     1   226.66 250.27
- Cloud3pm     1   227.18 250.79
<none>             221.59 251.10
- Pressure3pm  1   270.92 294.53
```

```
Step:  AIC=246.82                              ← 3개 설명변수 모형
RainTomorrow ~ Cloud3pm + Pressure3pm + Sunshine

              Df Deviance    AIC
- Cloud3pm     1   228.76 246.47              ← Cloud3pm 제거
<none>             223.21 246.82
+ Humidity3pm  1   221.59 251.10
- Sunshine     1   239.36 257.06
- Pressure3pm  1   275.06 292.77

Step:  AIC=246.47                              ← 2개 설명변수 모형
RainTomorrow ~ Pressure3pm + Sunshine

              Df Deviance    AIC
<none>             228.76 246.47              ← 현재 상태에서 모형 확정
+ Cloud3pm     1   223.21 246.82
+ Humidity3pm  1   227.18 250.79
- Sunshine     1   286.14 297.94
- Pressure3pm  1   289.35 301.16

Call:  glm(formula = RainTomorrow ~ Pressure3pm + Sunshine,
           family = "binomial")                        ← 확정 모형
Coefficients:
(Intercept)  Pressure3pm     Sunshine
   198.4444      -0.1948      -0.3291

Degrees of Freedom: 362 Total (i.e. Null);  360 Residual
  (3 observations deleted due to missingness)
Null Deviance:      341.2
Residual Deviance: 228.8
```

BIC 기준에 의한 확정모형의 설명변수는 Pressure3pm과 Sunshine입니다.

6.2 일반화 가법모형

5.4절에서 소개한 바 있는 일반화 가법모형(gam)은 목표변수 $Y(=0,1)$가 이항형인 경우에도 유효하여 모형 식이

$$\log_e \frac{P\{Y=1 \mid x_1, \cdots, x_p\}}{P\{Y=0 \mid x_1, \cdots, x_p\}} = \mu + h_1(x_1) + \cdots + h_p(x_p)$$

로 표현됩니다. 여기서 $h_j(x_j)$는 x_j의 매끄러운 불특정 함수입니다.

weather 데이터에서 RainTomorrow를 Pressure3pm과 Sunshine에 일반화 가법모형을 적용한 결과는 다음과 같습니다. **mgcv** 패키지의 **gam()** 함수를 사용하였습니다.

```
> library(mgcv)
> mod.3a <- gam(RainTomorrow ~ s(Pressure3pm, k=4) + s(Sunshine, k=4),
               family="binomial")
> summary(mod.3a)
Parametric coefficients:
            Estimate Std. Error z value Pr(>|z|)
(Intercept)  -2.2847     0.2286  -9.993   <2e-16 ***
---
Approximate significance of smooth terms:
                edf Ref.df Chi.sq  p-value
s(Pressure3pm) 1.691  2.076  43.54 5.58e-10 ***
s(Sunshine)    1.818  2.202  44.92 4.93e-10 ***
---
R-sq.(adj) =  0.334   Deviance explained = 34.3%
UBRE = -0.35717  Scale est. = 1         n = 363

> plot(mod.3a, pages=1)
```

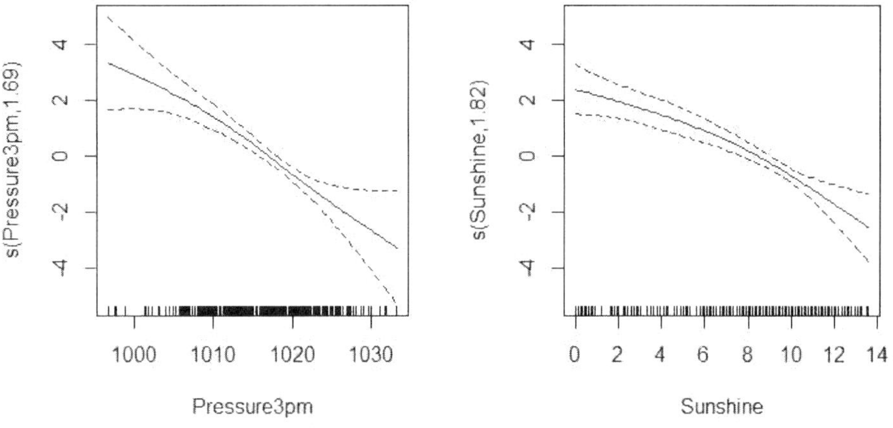

<그림 3> RainTomorrow에 대한 일반화 가법모형

<그림 3>에서 개별 공변량의 효과를 보세요. `Pressure3pm`과 `Sunshine`의 효과는 거의 선형적입니다. 앞 절에서 적합된 로지스틱 회귀의 타당성이 지지됩니다. 이렇듯 일반화 가법모형은 로지스틱 회귀의 타당성 검토에도 좋습니다.

6.3 보론

이 장에서는 이항형 분류에 대한 통계적 모형으로서 로지스틱 회귀와 일반화 가법모형을 다루었습니다. 그리고 예측범주와 실제관측 간 교차표인 분류표를 작성하였습니다. 그러나 이 분류표는 적합 모형에서 나온 분류규칙을 적합(훈련) 데이터에 재적용하여 나왔으므로 오류율이 과소하게 됩니다. 다시 말하여, 이렇게 얻어진 분류표로는 예측의 정확도를 공정하게 볼 수 없습니다. 예측모형의 평가에 대하여는 다음 장에서 다루겠습니다.

체크포인트

Y가 0, 1을 취하는 이항형 반응인 사례에서, 로지스틱 회귀 모형은 조건부 확률 $P\{Y=1 \mid x_1, \cdots, x_p\}$의 로짓 변환을 공변량 $x_1, \cdots, x_p$의 선형결합으로 표현한 통계적 모형입니다. 일반화 가법모형은 $P\{Y=1 \mid x_1, \cdots, x_p\}$의 로짓 변환을 공변량 $x_1, \cdots, x_p$의 가법적 함수로 표현한 통계적 모형입니다.

2*2 분류표에서 총 정확도, 위음 예측률, 위양 예측률 등의 정의를 명확히 알아야 합니다. 이외에 민감도(sensitivity), 특이도(specificity) 등의 지표가 있습니다.

R 스크립트

6.1절 6_weather.R

6.2절 6_weather.R

7장. 나무 분류 및 회귀

나무 분류 및 회귀 모형은 거꾸로 매단 나무(tree) 형태를 취하는데 매 노드 분리(node split)에서 관심변수의 분포적 순도(純度, purity)가 높아지도록 설계됩니다. 노드 분리는 순차적으로 계속되지만 더 이상의 노드 분리가 의미가 없어지면 그 지점에서 노드가 종점임을 선언합니다. 나무 모형은 수식적 틀로부터 자유로운 기계학습의 전형입니다. 후반부에 소개할 랜덤 포레스트(random forest)는 나무 모형들의 집합(앙상블)입니다.

7.1 나무 모형

Y가 이항 값$(=0{,}1)$을 취하고 1의 비율이 p 일 때 노드 불순도(impurity)를

지니 지수(Gini index): $G(N) = p\,q$

로 표현하기로 합니다. 여기서 N은 노드(node), 즉 '마디'를 지칭하고 노드 N에서 $P_N\{Y=1\}=p$, $P_N\{Y=0\}=q$입니다. 공변량 $X_1, \cdots, X_p$ 중 하나인 X_j와 그것의 특정 값 k_j를 "선택"하여, 노드 N을 X_j의 값 x_j가 k_j 미만인 개체들 N_1과 그렇지 않은 개체들 N_2로 분할하되, "선택"의 기준은

$G(N_1)$과 $G(N_2)$의 가중평균

의 최소화입니다. 이 가중평균에서 가중치는 N_1과 N_2의 구성 비율입니다. 종합하자면, 노드 N이

$$\begin{array}{ccc} & N & \\ \swarrow & & \searrow \\ N_1 & & N_2 \end{array}$$

로 분할되면서 윗단 "부모"의 불순도에 비해 아랫단 "자식"의 불순도가 작아집니다. 이런 식으로 노드 분리가 반복되는데 어느 단계에서는 노드 크기가 일정 수준 이하가 되거나 불순도의 감소가 일정 값보다 작아지므로 노드 분리를 멈춥니다. 노드 분리가 종료된 노드를 종점 노드(terminal node)라고 합니다. 종점 노드에서 예측 값은 "최다" 범주 (또는 오즈비가 큰 범주)로 합니다.

Y가 수치형인 경우 나무 "회귀"의 생성 원리는 앞의 나무 분류와 같습니다. 다만 노드의 불순도 지표로

$$\text{평균잔차제곱: } G(N) = \frac{1}{n}\sum_{i=1}^{n}(y_i - \bar{y})^2$$

을 씁니다 (여기서 $y_1, y_2, \cdots, y_n$은 노드 N내 개체들의 Y 값). 노드 N이 N_1과 N_2로 분할되고 각 노드의 불순도가 산출되었을 때, "자식" 불순도는

N_1의 불순도와 N_2의 불순도의 가중평균

입니다. X_j의 값 x_j가 k_j 미만이면 N_1에 넣고 그렇지 않으면 N_2에 넣되, 불순도의 감소가 최대화되도록 X_j와 k_j를 선택합니다. 이런 식으로 노드 분리를 진행하다가 어느 단계에서 노드 크기가 일정 값 이하가 되거나 불순도의 감소가 미미해지면 노드 분리를 멈춥니다. 종점 노드에서 예측 값은 평균으로 합니다.

예 1 [분류]. 6장에서 다루었던 `weather{rattle.data}` 데이터에 나무 분류를 적용해보기로 합니다. 이 사례에선 `RainTomorrow` (= No,Yes)가 관심인데 총 20개의 공변량이 예측변수로 가용합니다 (`MinTemp`부터 `RainToday`까지).

나무 분류를 위해서 `rpart` 팩키지의 `rpart()` 함수를 활용하겠습니다.

```
> library(rpart)
> tree.1 <- rpart(RainTomorrow ~ ., data=weather[,c(3:22,24)])
> plot(tree.1, main="weather", margin=0.025)
> text(tree.1, use.n = TRUE, cex=0.8, col="blue")
```

출력은 그래프로 표현이 가능합니다. <그림 1>을 보세요.

첫 노드 분리는 `Humidity3pm`에 의해 이루어지며 이 변수가 71.5 미만이면 왼쪽 가지로, 그렇지 않으면 오른쪽 가지로 분리됩니다. 오른쪽 가지로 분리된 개체들은 종점 노드에 닿고 예측 값은 Yes입니다 (이 노드에서 No와 Yes는 각각 7개와 20개로 Yes가 우세합니다). 왼쪽 가지로 분리된 개체들은 다시 `WindGustSpeed`를 만나게 되고 이 변수가 64 미만이면 왼쪽으로, 그렇지 않으면 오른쪽으로 분리됩니다. 이런 식으로 나무에 나타나는 변수들은 앞의 2개 외에 `Pressure3pm, Sunshine, MaxTemp, WindSpeed3pm` 등 4개가 더 있습니다.

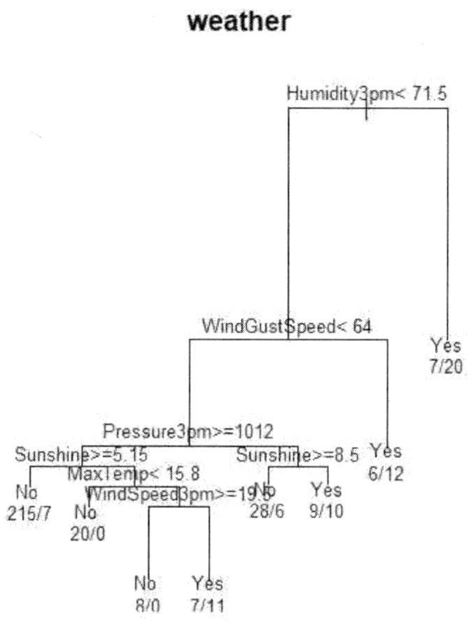

<그림 1> RainTomorrow에 대한 분류 나무

그러면, 이 모형이 얼마나 실제관측 값을 잘 적합하는지 보도록 합시다.

```
> pred.1 <- predict(tree.1, type="prob")[,2]
> cut <- sort(pred.1)[301]
> pred.1a <- ifelse(pred.1 >= cut, "Yes", "No")
> table(pred.1a, weather$RainTomorrow, dnn=c("predicted", "observed"))
         observed
predicted  No Yes
      No  271  13
      Yes  29  53
```

위음 예측률(false negative rate)은 4.6% $(=13/(271+13))$, 위양 예측률(false positive rate)은 35.4% $(=29/(53+29))$, 총 정확도는 88.5% $(=(271+53)/366)$ 입니다.

그런데 나무 모형과 같은 기계학습은 모형적합(훈련) 데이터에서 모형성능이 평가되는 경우 정확도가 부풀려지게 됩니다. 학습이 과다하였기 때문입니다.

공정한 평가를 위하여 새 데이터에서 예측해 보기로 하겠습니다. **rattle.data** 팩키지의 **weatherAUS** 데이터는 **weather** 데이터와 같이 호주 캔버러 지역의 강우 기록이 있습니다. **weather**는 2007년 11월 1일부터 2008년 10월 31일까지의 데이터인데 **weatherAUS**는 2008년 11월 1일 이후의 데이터도 담고 있습니다. 예측이 적용될 새 데이터는 **weatherAUS**에서 캔버러 지역의 2008년 11월 1일부터 365일 간 자료입니다.

```
> data(weatherAUS)
> weather.2 <- subset(weatherAUS, Location=="Canberra")
> weather.2a <- weather.2[(366+1):(366+365), ]
> pred.2a <- ifelse(predict(tree.1, newdata=weather.2a,
      type="prob")[,2] >= cut, "Yes", "No")
> table(pred.2a, weather.2a$RainTomorrow, dnn=c("predicted","observed"))
         observed
predicted  No Yes
      No  249  31
      Yes  46  39
```

위음 예측률 11.1% $(=31/(249+31))$, 위양 예측률 54.1% $(=46/(39+46))$, 총 정확도 78.9% $(=(249+39)/365)$. 앞의 재적합 예측과는 꽤 차이가 있습니다.

예 2 [회귀]. **Boston {MASS}** 데이터에 나무 회귀모형을 적용해보기로 합니다. 이 데이터는 미국 보스턴 시 506개 블록의 주택 정보를 담고 있는데 중간주택가격 **medv**가 목표변수입니다. 가용 공변량은 범죄율 **crim** 등 모두 13개입니다.

<그림 2>에서 보듯 **medv**의 분포가 오른쪽으로 길게 뻗어있어 제곱근 변환을 취하여 모형에 투입합니다.

```
> library(MASS)
> data(Boston)
> names(Boston)
 [1] "crim"    "zn"      "indus"   "chas"    "nox"     "rm"      "age"
 [8] "dis"     "rad"     "tax"     "ptratio" "black"   "lstat"   "medv"
```

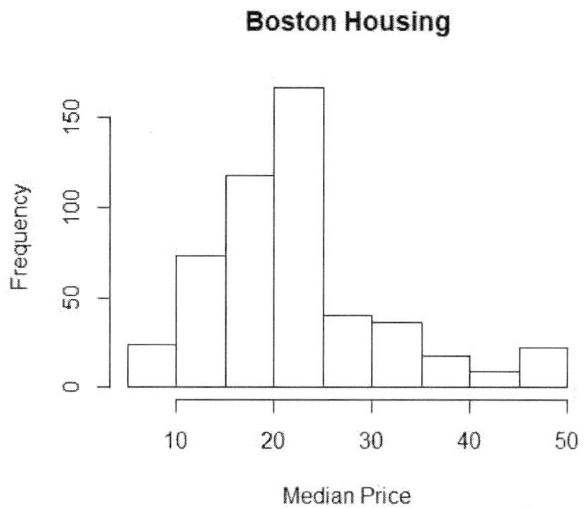

<그림 2> Boston 시 506개 블록의 중간 주택가격

```
> hist(Boston$medv, main="Boston Housing", xlab="Median Price")
> medv.1 <- sqrt(Boston$medv)
```

다음은 **medv.1**을 **crim** 등 13개 공변량에 회귀시키고 그 결과를 보기 위한 R 코드입니다.

```
> library(rpart)
> tree.1 <- rpart(medv.1 ~ . , data=Boston[,-14])
> plot(tree.1, margin=0.1, main="Boston Housing")
> text(tree.1, digits=2, use.n=F, cex=0.8, col="blue")
```

<그림 3>에서 적합모형을 보세요. 첫 노드 분리는 하층민 비율 **lstat**에 의해 이루어지며 이 변수가 9.725 이상이면 왼쪽 가지로, 그렇지 않으면 오른쪽 가지로 분리됩니다. 왼쪽 가지로 흐른 개체들은 다시 **lstat**에 의해 분리되고 오른쪽 가지로 흐른 개체들은 방의 수 **rm**에 의해 분리됩니다. 이런 식으로 진행되어 10개의 종점 노드 중 하나에 닿습니다. 각 종점 노드에서는 평균으로 예측 값이 정해집니다. 예컨대 가장 왼쪽 노드에서 예측 값은 3.3입니다 (변환척도에서).

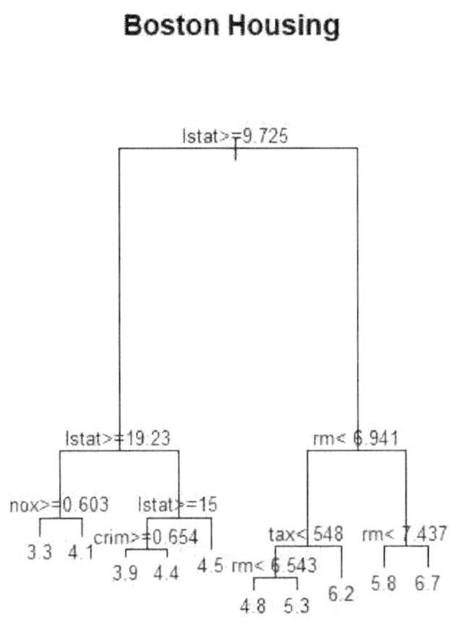

<그림 3> sqrt(medv)에 대한 나무형 회귀

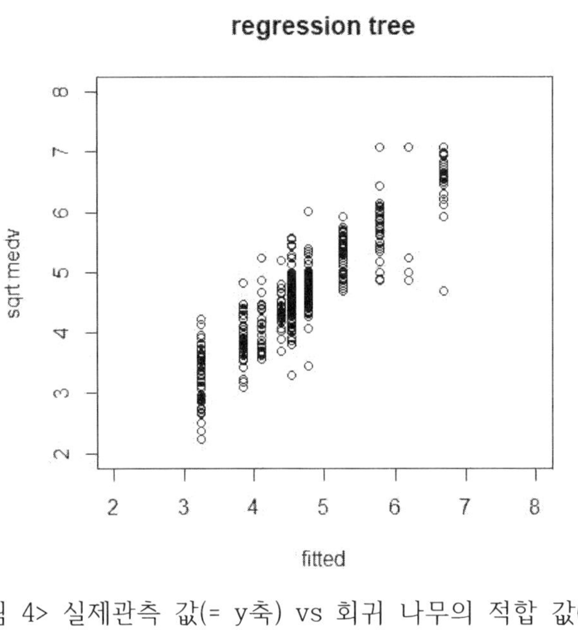

<그림 4> 실제관측 값(= y축) vs 회귀 나무의 적합 값(= x축)

<그림 4>는 실제관측 값(= y축) vs 회귀 나무의 적합 값(= x축)의 플롯입니다. 적합 값과 실제 값 간 어느 정도의 대응성(상관성)을 볼 수 있습니다. 회귀나무 모형의 평균제곱오차(mean squared errors)는

$$MSE = \frac{1}{n}\sum_{i=1}^{n}(y_i - \hat{y}_i)^2 = 0.145$$

입니다. 이것은 영모형(null model)의 평균제곱오차

$$MSE_0 = \frac{1}{n}\sum_{i=1}^{n}(y_i - \overline{y}_i)^2 = 0.875$$

의

$$1 - R^2 = 0.166 \quad (= 0.145/0.875)$$

배입니다. 따라서 제곱오차의 $R^2 = 1 - 0.166 = 83.4\%$가 감소된 셈입니다.

```
> plot(medv.1 ~ predict(tree.1), xlab="fitted", ylab="sqrt medv",
+     xlim=c(2,8), ylim=c(2,8), main="regression tree")
> mse.1 <- mean((medv.1 - predict(tree.1))^2)
> mse.0 <- mean((medv.1 - mean(medv.1))^2)
> r.squared <- 1 - mse.1/mse.0
> round(c(mse.0, mse.1), 3)
[1] 0.875 0.145
> round(r.squared, 3)
[1] 0.834
```

그러나 분류 나무에서와 같이 회귀 나무에서도 모형적합(훈련) 데이터에서 모형성능이 평가되는 경우 정확도가 부풀려집니다. 모형성능 평가를 위해서 새 데이터가 필요한데 이것이 불가한 경우, 붓스트랩 표본추출(bootstrap sampling)으로 테스트 데이터를 확보하는 방안이 있습니다 (이하 n은 전체표본의 크기):

[1] $1, 2, \cdots, n$에서 임의의 n개를 중복허락 추출하여 **indices**로 지칭합니다.
[2] 데이터세트 중 **indices** 행만으로 구성된 일부분을 **train**으로 지칭합니다.
데이터세트 중 **indices** 행들을 제외한 일부분을 **test**로 지칭합니다.
[3] 모형적합은 **train**으로 하고, 성능평가는 **test**로 합니다.

다음은 Boston 사례에서 나무형 회귀의 정확도를 평가하는 R 스크립트입니다.

```
> n <- nrow(Boston)
> indices <- sample(1:n, n, replace=T)
> train <- Boston[indices,]
> test <- Boston[-indices,]
> tree.2 <- rpart(medv.1[indices] ~ . , data=train[,-14])
> mse.2 <- mean((medv.1[-indices] - predict(tree.2, newdata=test))^2)
> round(mse.2, 3)
[1] 0.232
```

붓스트랩 평가에 의해, 평균제곱오차가 0.232로 늘었습니다 (전에는 0.145). 그런데 이런 결과는 붓스트랩 부표본에 따라 달라지므로 어느 정도 안정적인 결과를 얻기 위해서는 여러 번 반복하여 평균을 구하는 것이 옳습니다 (-> 탐구 1).

나무모형은 결측값이 있는 개체까지도 모형적합에 포함시킵니다.[24] 따라서 결측값이 산재된 데이터라도 데이터 활용도가 매우 높습니다. 또한 변수선택을 자동으로 하므로 공변량들이 많은 상황에서도 잘 작동됩니다. **Boston** 데이터의 경우 총 공변량 수는 13개이지만 <그림 3>의 적합모형에 나타난 공변량은 5개뿐입니다. 공변량들의 상호적인 효과도 모형에 잘 반영됩니다.

그러나 적합모형이 불안정하다는 단점이 있습니다. 투입 데이터가 약간만 바뀌는 상황에서 출력 모형이 크게 달라지는 경우가 빈번하다는 것이죠. 이런 불안정성은 다음 절에서 소개할 진화된 나무 모형인 "랜덤 포레스트"에서 해소됩니다.

---

24) 결측값을 해당 변수와 유사한 다른 변수의 관측값으로 대체합니다.

7.2 랜덤 포레스트 random forest

이 알고리즘은 나무 한 그루가 아니라 나무들의 집합인 숲(forest)을 만듭니다. 다음과 같이 손오공의 분신술을 씁니다.

[1] 원 표본에서 붓스트랩 추출로 임의의 부표본을 확보합니다.

[2] 붓스트랩 부표본으로 나무 모형을 만듭니다. 노드 분리에서 p개의 가용 공변량 중 임의추출된 $q(<p)$개만 씁니다.[25]

[3] 앞의 두 단계를 $M(=500)$번 반복하여 얻어지는 나무들의 집합(앙상블)이 최종 모형이 됩니다. 즉, 분류의 경우는 개별 예측값들의 모드가 최종 예측값이고 회귀의 경우는 개별 예측값들의 평균이 최종 예측값입니다.

그러니까 랜덤 포레스트는 모형 앙상블(model ensemble) 기법입니다. 임의의 부표본으로 나무를 만드는 이유는 나무들의 상호적 독립성을 최대로 확보하기 위해서입니다. 노드 분리에서 설명변수(공변량)들을 임의추출하여 일부만 쓰는 이유는 너무 많은 것 중에서 하나만 고를 때 나타나는 편중성의 경감을 위해서입니다.

모형성능의 평가는 개체별로 단계 [1]의 붓스트랩 표본에 포함되지 않은 경우에만 이루어지므로 랜덤 포레스트는 훈련자료에 과다적합되지 않습니다. 랜덤 포레스트는 `randomForest` 팩키지의 `randomForest()` 함수에 구현되어 있습니다.

사례 1 [분류]. `weather` 데이터에 랜덤 포레스트를 적용해보기로 할 터인데, 이 데이터에 한 가지 특수성이 있습니다. `Sunshine`부터 `WindSpeed9am`까지 여러 변수에 걸쳐 산재된 결측이 문제인데요, 이것이 `randomForest()` 함수에서 말썽을 일으킵니다. 그러므로 투입 데이터의 빈 칸들을 모두 메워 놓고 시작하는 것이 좋습니다. 여기서는 결측값 대체(missing value imputation)를 다소 거칠게 하기로 하겠습니다 (그렇다고 엉터리는 아닙니다). 즉, 빈 칸에 해당 열(변수)의 비결측 값들에서 하나를 임의로 선택하여 넣는 방식으로 빈 칸을 메우기로 합니다.

---

25) `randomForest` 팩키지의 `randomForest()` 함수에서 q(=mtry)의 디폴트 값은 목표변수가 수치형인 경우 $p/3$이고 이항형인 경우 $\sqrt{p}$입니다.

```
> library(rattle.data)
> data(weather)
> names(weather)
 [1] "Date"          "Location"      "MinTemp"       "MaxTemp"
 [5] "Rainfall"      "Evaporation"   "Sunshine"      "WindGustDir"
 [9] "WindGustSpeed" "WindDir9am"    "WindDir3pm"    "WindSpeed9am"
[13] "WindSpeed3pm"  "Humidity9am"   "Humidity3pm"   "Pressure9am"
[17] "Pressure3pm"   "Cloud9am"      "Cloud3pm"      "Temp9am"
[21] "Temp3pm"       "RainToday"     "RISK_MM"       "RainTomorrow"

> V <- is.na(weather)
> m <- apply(V, 2, sum)
> weather.1 <- weather
> for (j in 1:ncol(weather))
+     weather.1[V[,j],j] <- sample(weather[!V[,j],j],m[j],replace=TRUE)
```

이렇게 빈 칸이 없어진 데이터로 랜덤 포레스트를 만듭니다.

```
> library(randomForest)
> forest.1 <- randomForest(RainTomorrow ~ ., data=weather.1, importance=TRUE)
```

예측을 위해서는 cutoff 값이 넣어야하는데 여기서는 `RainTomorrow` (다음 날 비가 온) “Yes” 예측의 빈도를 원표본 수치에 맞추기로 하겠습니다.

```
> cut <- sort(forest.1$votes[,2])[301]
> pred.1 <- ifelse(forest.1$votes[,2] >= cut, "Yes", "No")
> table(pred.1, weather$RainTomorrow, dnn=c("Predicted","Observed"))
         Observed
Predicted  No Yes
      No  275  25
      Yes  25  41
```

위음 예측률이 8.3% $(=25/(275+25))$, 위양 예측률은 37.9% $(=25/(41+25))$, 총 정확도가 86.3% $(=(275+41)/366)$ 입니다.

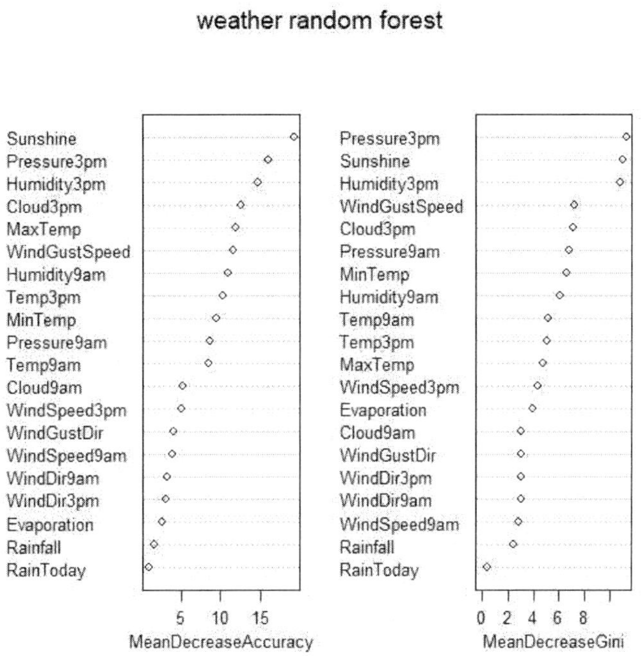

<그림 5> weather 랜덤 포레스트의 변수 중요도 플롯

랜덤 포레스트는 나무 모형과는 달리 모형이 어떻게 형성되었는지를 보여주진 못합니다. 랜덤 포레스트가 많은(= 500) 나무들의 앙상블이기 때문입니다. 그러나 <그림 5>와 같은 변수 중요도 플롯(variable importance plot)을 보여줍니다. 여기서 변수 중요도란 앙상블 내 개별 나무들이 생성되는 과정에서 각 변수가 노드 분리에 기여한 즉 지니 지수와 잔차제곱 합을 말합니다.

```
> varImpPlot(forest.1, cex=0.8, main="weather")
```

다음으로 **weatherAUS** 데이터에서 캔버러 지역의 2008년 11월 1일부터 365일간 자료에 랜덤 포레스트 모형으로 예측하여 실제와 대조 평가해 보겠습니다. 여기서도 일부 변수 값에 결측이 있어 앞의 방법으로 대체 처리합니다. 분류결과는 다음과 같습니다.

```
> data(weatherAUS)
> weather.2 <- subset(weatherAUS, Location=="Canberra")
> weather.2a <- weather.2[(366+1):(366+365),]
> V <- is.na(weather.2a)
> m <- apply(V, 2, sum)
> weather.2aa <- weather.2a
> for (j in 1:ncol(weather.2a))
+ weather.2aa[V[,j],j] <- sample(weather.2a[!V[,j],j],m[j],replace=TRUE)
> pred.2a <- predict(forest.1, newdata=weather.2aa[,c(3:22,24)], type="vote")
> pred.2aa <- ifelse(pred.2a[,2] >= cut, "Yes", "No")
> table(pred.2aa, weather.2a$RainTomorrow, dnn=c("predicted","observed"))
         observed
predicted  No Yes
      No  254  36
      Yes  41  34
```

위음 예측률이 12.4% $(=36/(254+36))$, 위양 예측률이 54.7% $(=41/(41+34))$, 총 정확도가 78.9% $(=(254+34)/365)$입니다. 이 사례에서는 분류 나무의 결과와 비교하여 그냥 비슷한 정도이지만 시도해볼 가치는 충분합니다.

사례 2 [회귀]. **Boston** 데이터에 랜덤 포레스트를 적용해보겠습니다. 목표변수는 중간주택가격 **medv**의 제곱근 변환입니다.

```
> library(MASS)
> data(Boston)
> Boston$medv <- sqrt(Boston$medv)
> library(randomForest)
> forest.1 <- randomForest(medv ~ ., varImp=TRUE, data=Boston)
> forest.1
Type of random forest: regression
Number of trees: 500
No. of variables tried at each split: 4
Mean of squared residuals: 0.100134
% Var explained: 88.55
```

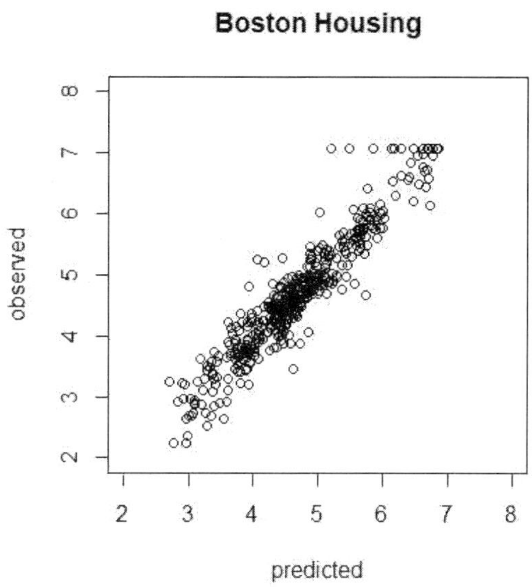

<그림 5> Boston Housing 랜덤 포레스트의 예측값 플롯

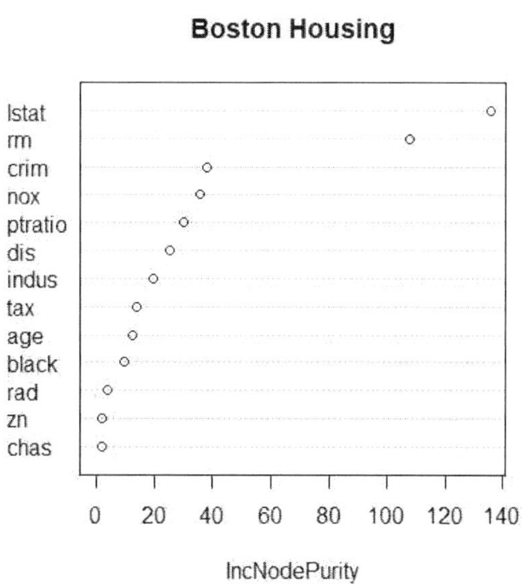

<그림 6> Boston Housing 랜덤 포레스트의 변수 중요도 플롯

<그림 5>는 랜덤 포레스트의 관측값 vs 예측값 플롯입니다.

```
> plot(Boston$medv ~ forest.1$predicted, xlab="predicted", ylab="observed",
+     xlim=c(2,8), ylim=c(2,8), main="Boston Housing")
```

랜덤 포레스트 관측값은 개체별로 단계 1의 붓스트랩 표본에 포함되지 않은 회귀나무들에서 예측값이 모아지므로 과다적합의 편향은 없습니다. 회귀나무의 평균제곱오차 0.145에 비해 훨씬 작은 평균제곱오차 0.100으로 평가되었습니다.

```
> mean((Boston$medv - forest.1$predicted)^2)
[1] 0.100134
```

<그림 6>은 변수 중요도 플롯입니다. lstat, rm, crim, nox 등이 중요한 공변량이라는 것을 알 수 있습니다.

```
> varImpPlot(forest.1, main="Boston Housing")
```

다음은 붓스트랩 기법으로 모형적합(훈련) 자료와 테스트 자료를 완전 분리하여 모형의 정확도를 본 것입니다. 회귀나무와 비교해서는 말할 나위 없이 좋은 결과를 보입니다.

```
> n <- nrow(Boston)
> indices <- sample(1:n, n, replace=T)
> train <- Boston[indices,]
> test <- Boston[-indices,]
> forest.2 <- randomForest(medv ~ ., data=train)
> mse.2 <- mean((test$medv - predict(forest.2, newdata=test))^2)
> round(mse.2, 3)
[1] 0.112
```

탐구 2. Boston Housing 사례에서 랜덤 포레스트 모형성능을 100번의 붓스트랩 표본추출로 평가해보세요.

탐구 3. Boston Housing 데이터에 선형회귀모형을 적합하고 모형성능을 평가한 결과를 나무 회귀 및 랜덤 포레스트 모형과 비교해보세요.

체크포인트

나무 모형은 노드 분리를 통해 불순도를 감소시키는 예측 모형을 만들어냅니다. 불순도의 측도는 분류에서는 지니 계수이고 회귀에서는 평균잔차제곱입니다. 모형성능을 공정하게 평가하려면 모형적합(훈련) 자료와 테스트 자료가 겹치지 않아야 합니다.

랜덤 포레스트는 나무모형들의 집합입니다. 개별 나무모형은 붓스트랩 표본을 나무모형 알고리즘에 넣어 산출되는데 노드 분리에서는 전체 공변량 중 임의추출된 일부만 고려됩니다. 최종 예측은 개별모형 예측 값들의 모드 또는 평균입니다.

R 스크립트

7.1절 7_weather.R
　　　7_boston housing.R
7.2절 7_weather_1.R
　　　7_boston housing_1.R

8장. 군집화

군집화(clustering)는 유사도(similarity)에 근거하여 개체들(또는 변수들)을 묶는 방법입니다. 이런 작업으로써 데이터에 대한 이해도가 깊어지고 활용이 창출됩니다. 이 장에서는 개체 및 변수의 k-평균 군집화, 그리고 시각화를 다룹니다.

8.1 들어가기

내 직업은 대학 교수라서 많은 수의 학생들을 접하게 됩니다. 처음에는 학생들의 공통점을 찾아 인지하게 되지만 시간이 갈수록 학생들 간 차이점을 보게 되고 유형화합니다. 다수의 측정변수들 $X_1, \cdots, X_p$를 통하여 개체들을 몇 개의 유형으로 묶어내는 것이 개체 군집화(clustering of units)입니다.

요즘 데이터 환경에서는 개별 개체에 대하여 많은 수의 변수 값을 동시에 수집하는 것이 쉽습니다. 예컨대 학교 내 수십 곳에 반도체 센서(sensor)를 붙여 해당 장소의 온도, 습도, 소음도, 공기성분, 먼지-1 농도, 먼지-2 농도, 먼지-3 농도 등을 측정할 수 있습니다. 유사도에 근거하여 측정변수들 $X_1, \cdots, X_p$를 몇 개의 그룹으로 나누는 것이 변수 군집화(clustering of variables)입니다.

n개의 개체들에서 p개 변수가 측정되었다고 하고 다음과 같이 표기하겠습니다.

$\boldsymbol{x}_1, \cdots, \boldsymbol{x}_n$:	원표본 데이터,
$\boldsymbol{x}_i = (x_{i1}, \cdots, x_{ip})^t$:	개체 i의 관측값 벡터, $i = 1, \cdots, n$,
$\underline{x}^{[j]}$:	변수 j의 측정값 벡터, $j = 1, \cdots, p$.

일단, 개체 군집화에 포커스를 맞추겠습니다. 개체 군집화의 기반은 개체 간 거리(distance between units)입니다. 이것이 "작으면" 두 개체는 같은 군집에 속하고 이것이 작지 않으면 두 개체는 다른 군집에 속하게 해야 합니다. 개체 간 거리의 정의는 다음과 같습니다.

정의: $\boldsymbol{x}_i = (x_{i1,} \cdots, x_{ip})^t$와 $\boldsymbol{x}_{i'} = (x_{i'1,} \cdots, x_{i'p})^t$ 간 거리

$$d(\boldsymbol{x}_i, \boldsymbol{x}_{i'}) = \sqrt{\sum_{j=1}^{p} (x_{ij} - x_{i'j})^2}\,. \tag{1}$$

위 정의는 정확히는 "유클리드 거리"이고 이외에 개체 간 거리로 L_1 (맨하튼, 시티블록) norm, L_∞ (maximum) norm 등 여러 가지가 있습니다.

정의 (1)을 쓰려면 p개 측정변수의 척도(scale)들이 균일해야 합니다. 변수들의 물리적 측정단위가 같지 않은 경우 (예컨대 kg과 m, 개수 등), 변수 표준화를 통하여 척도의 균일성을 확보해야 합니다.

1) 평균-표준편차 표준화: 변수 X_j의 평균을 m_j, 표준편차를 s_j로 표기할 때

$$x_{ij} \;\rightarrow\; x_{ij}^* = \frac{x_{ij} - m_j}{s_j},\;\; j = 1, \cdots, p.$$

- 결과적으로 모든 변수가 평균 0, 표준편차 1을 갖게 됩니다.

2) 범위 표준화: 변수 X_j의 최소값을 a_j, 최대값을 b_j로 표기할 때

$$x_{ij} \;\rightarrow\; x_{ij}^* = \frac{x_{ij} - a_j}{b_j - a_j},\;\; j = 1, \cdots, p.$$

- 결과적으로 모든 변수가 최소값 0, 최대값 1을 갖게 됩니다.

그런데 두 표준화 방법 모두 특이점에 취약하다는 단점이 있습니다. 특이점에 견디게 하려면 사분위수(Q1, Q3)로 표준화하는 것이 좋습니다.

3) 사분위수 표준화: 변수 X_j의 아래・위 4분위수를 ℓ_j, u_j로 표기할 때

$$x_{ij} \;\rightarrow\; x_{ij}^* = 2\,\frac{x_{ij} - \ell_j}{u_j - \ell_j} - 1,\;\; j = 1, \cdots, p.$$

- 결과적으로 모든 변수의 아래・위 4분위수가 $-1, 1$이 됩니다.

이하 표준화된 데이터 값을 x_{ij}로 표기하겠습니다 ($i = 1, \cdots, n;\; j = 1, \cdots, p$).

변수 군집화에서는 변수 간 거리를 사전에 지정해야 합니다. 변수 X_j와 $X_{j'}$ 간

거리를

$$d(\underline{x}_j, \underline{x}_{j'}) = \sqrt{\sum_{i=1}^{n} (x_{ij} - x_{ij'})^2 / (n-1)} \tag{2}$$

로 정의합니다. 평균-표준편차 표준화가 적용된 경우

$$\begin{aligned} d(\underline{x}_j, \underline{x}_{j'}) &= \sqrt{\sum_{i=1}^{n} (x_{ij}^2 + x_{ij'}^2 - 2x_{ij}x_{ij'}) / (n-1)} \\ &= \sqrt{2(1 - r_{jj'})} \;\propto\; \sqrt{1 - r_{jj'}} \end{aligned}$$

입니다 (여기서 $r_{jj'}$는 X_j와 $X_{j'}$ 간 피어슨 상관; $\because \sum_{i=1}^{n} x_{ij}^2 = n-1$이므로). 그러니까 상관행렬로부터 변수간 거리행렬이 유도됩니다.

8.2 k-평균 군집화

k-평균 군집화(k-means clustering)는 n개의 개체들을 묶는 k개의 그룹으로 묶어내는 알고리즘입니다:

[1] n개 개체에서 k개를 비중복 추출하여 각각을 그룹의 초기 중심으로 합니다.

[2] 모든 개체들에 대하여 가장 가까운 그룹 중심을 찾아 그 그룹에 소속시킵니다.

[3] 모든 그룹에 대하여 그룹 중심을 소속 개체들의 평균으로 업데이트합니다.

[4] 모든 그룹에 대하여 새 중심이 옛 중심과 차이가 없으면 작업을 종료합니다. 그렇지 않으면 [2]로 돌아갑니다.

이 알고리즘의 목표는

$$\text{minimize} \sum_{h=1}^{k} \sum_{i \in G_h} d^2(\boldsymbol{x}_i, \boldsymbol{m}_h) \tag{3}$$

에 있습니다 (여기서 $\boldsymbol{m}_h$는 그룹 h의 중심이고 G_h는 그룹 h의 소속 개체들을 지칭). 이 알고리즘은 계산적으로 매우 효율적입니다. 다만, 위 알고리즘으로는 대역적 최적 해에 도달하지 않을 수 있으므로 알고리즘을 처음부터 여러 번 반복하여 더 나은 해를 얻어내야 합니다.

R에서는 kmeans() 함수를 써서 k-평균 군집화를 합니다. 용법은 다음 예에서...

사례 1: Boston {MASS} 데이터에서 13개 공변량 자료(중간주택가격 medv 제외)에 $k=4$ 인 k-평균 군집화를 해보기로 하겠습니다. 도출될 군집이 비가격 주거지 특성을 잘 드러낼 것으로 기대합니다.

```
> library(MASS)
> data(Boston)
> names(Boston)
 [1] "crim"    "zn"      "indus"   "chas"    "nox"     "rm"      "age"
 [8] "dis"     "rad"     "tax"     "ptratio" "black"   "lstat"   "medv"
> zBoston <- scale(Boston[,-14])
```

↑ 투입할 자료를 평균-표준편차 표준화합니다.26) 그러고 나서 군집화를 적용합니다.

```
> clusters <- kmeans(zBoston, 4)
```

↑ $k=4$ 인 k-평균 군집화를 요청하였습니다.

```
> names(clusters)
[1] "cluster"      "centers"      "totss"        "withinss"
[5] "tot.withinss" "betweenss"    "size"         "iter"
[9] "ifault"
```

↑ k-평균 군집화 결과물의 내용이 무엇인지 짐작할 수 있습니다. cluster는 개체별 군집 번호(label)입니다. centers는 군집 중심(centroids)입니다.

```
> table(clusters$cluster, dnn="cluster number")
cluster number
  1   2   3   4
 90  41 129 246
```

↑ 가장 큰 그룹은 4번입니다. 전체의 반 정도 됩니다. 아래는 선택된 몇 개 변수(공변량)에 대하여 군집 중심을 보여줍니다.

26) R의 scale() 함수는 표준편차의 정의로 $s_j = \sqrt{\sum_{i=1}^{n}(x_{ij}-m_j)^2/n}$ 을 씁니다.

```
> round(clusters$centers[, c(1,5,6,7,8,13)], 2)
   crim   nox    rm   age   dis lstat
1 -0.41 -1.13  0.64 -1.37  1.46 -0.92
2  1.97  1.01 -0.39  0.79 -0.89  1.26
3  0.38  1.15 -0.47  0.81 -0.84  0.73
4 -0.38 -0.36  0.08 -0.06  0.06 -0.26
```

↑ 2번 군집은 범죄율 **crim**이 크고 저층민 비율 **lstat**이 큽니다. 주택나이 **age**와 공기요염도 **nox**도 크고 방 수 **rm**는 작고 도심에서의 거리 **dis**가 작습니다. 1번 군집은 거의 모든 면에서 2번 군집과 반대입니다. 2번 군집은 도심의 슬럼화된 구역인 반면, 1번 군집은 교외 지역의 중상층 구역일 것으로 추측할 수 있습니다. 3번 군집은 2번 군집과 유사합니다. 4번 군집은 1번 군집과 유사하되 도심에서 약간 가까운 구역입니다. <그림 1>은 중간주택가격 **medv**의 군집 간 차이를 살펴본 상자그림입니다. 군집 1과 군집 4, 군집 2와 군집 3이 외적 변수인 가격 측면에서도 유사함을 확인할 수 있습니다.

```
> boxplot(Boston$medv ~ clusters$cluster, main="Boston Housing",
+     xlab="clusters", ylab="medv", ylim=c(0,60))
```

```
> clusters$totss
[1] 6565
> clusters$tot.withinss
[1] 3126.671
```

↑ 군집화의 효율은 총 제곱 합(**totss**, total sum of squares) 대비 그룹 내 제곱 합(**tot.withinss**, total within sum of squares)의 비율로 파악할 수 있습니다. 이 분석에서는 그 값이 47.6%입니다. 이 값은 작을수록 좋습니다.

k-평균 군집화에서 군집 수 k는 사전에 지정되어야 합니다. k를 대충 정하여 넣고 그 결과가 어떻게 나오는가를 보는 것이 최선입니다. 그러고 나서 군집 수 k에 $\pm 1, \pm 2, \cdots$ 를 가감하여 어떤 변화가 생기는가를 봅니다. <그림 2>는 k 값에 따른 그룹 내 제곱합의 변화를 보여줍니다. k가 증가함에 따라 그래프는 감소하게 되어 있습니다만 급격히 감소하는 곳이 있다면 그때의 k를 선택합니다.

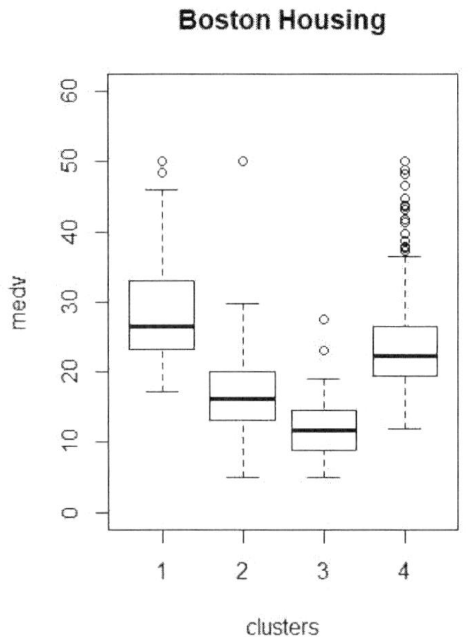

<그림 1> 군집에 따른 중간주택가격의 차이

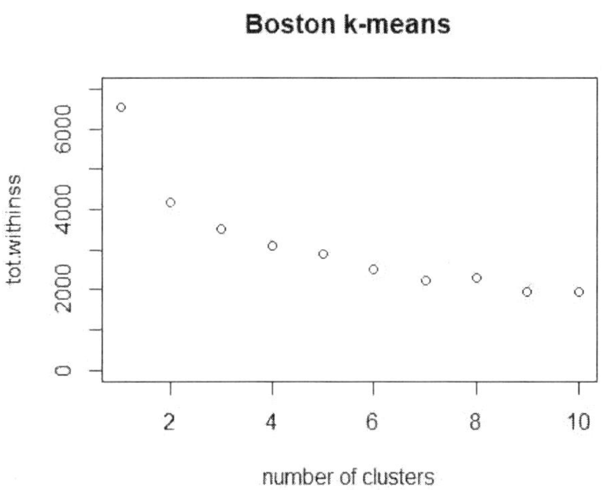

<그림 2> 군집 수 k에 따른 그룹 내 제곱합의 변화

앞서 말한 대로 k-평균 군집화는 국소적 최소에 머물 수 있습니다. 이를 극복하는 최선의 방법은 알고리즘을 처음 시작부터 여러 번 돌려보는 것입니다. 다음은 $k=4$인 k-평균 군집화 10번의 최고 성적을 보여줍니다.

```
> clusters <- kmeans(zBoston,4, nstart=10)
> clusters$tot.withinss
[1] 3092.326
```

`nstart` =1일 때 `tot.withinss`가 3126.671이었으니까 지금의 3092.326은 1% 정도 작은 값이라 이 정도면 무시해도 될 듯합니다. 그래도 일단 k가 정해지면 시작점의 수 `nstart`를 늘려 잡아 최적 점에 접근하는 것이 좋습니다.

보스턴 시의 지도와 `Boston` 데이터의 개체를 연결시킬 수 있다면 보스턴 시 지도에 506개 구역을 군집 번호에 따라 4색 컬러 red, green, blue, purple로 구분해 색칠해볼 수 있겠습니다.

8.3 변수 군집화

많은 수의 변수, 이것이 데이터 분석자에게는 부담이 아닐 수 없습니다. 그런데 조금 살펴보면 비슷비슷한 변수들이 꽤 있다는 것을 알게 됩니다. 그런 변수들을 그룹(군집, 群集)으로 모으면 여러모로 쓸모가 있습니다.

변수 군집화 알고리즘에 여러 가지가 있지만 2절에서 다룬 k-평균 군집화를 활용하는 방법을 설명하고자 합니다. 이 방법은 1) n개 개체 · p개 변수 표준화 데이터를 p개 개체 · n개 변수 데이터로 인식시켜 2) k-평균 군집화에 투입하는 것입니다. 그러면 p개 변수가 k개 군집으로 묶여집니다.

사례 1: `Boston{MASS}` 데이터에서 13개 공변량 자료(중간주택가격 `medv` 제외)에 $k=4$인 k-평균 변수 군집화를 해보기로 하겠습니다.

```
> zBoston <- scale(Boston[,-14])
> t.zBoston <- t(zBoston)
```

```
> v.clusters <- kmeans(t.zBoston,4)
> v.clusters$cluster
   crim      zn   indus    chas     nox      rm     age     dis     rad 
      2       1       3       4       3       1       3       1       2 
    tax ptratio   black   lstat 
      2       2       1       3 
```

↑ 출력물 v.clusters의 cluster에 변수별 소속군집 번호가 있습니다. 군집 1은 zn, rm, dis, black 등으로, 군집 2는 crim, rad, tax, ptratio 등으로, 군집 3은 indus, nox, age, lstat 등으로 구성됩니다. chas는 혼자만으로 군집 4를 형성합니다.

```
> round(cor(zBoston[, v.clusters$cluster==1]),2)
        zn   rm  dis black
zn    1.00 0.31 0.66  0.18
rm    0.31 1.00 0.21  0.13
dis   0.66 0.21 1.00  0.29
black 0.18 0.13 0.29  1.00

> round(cor(zBoston[, v.clusters$cluster==2]),2)
        crim  rad  tax ptratio
crim    1.00 0.63 0.58    0.29
rad     0.63 1.00 0.91    0.46
tax     0.58 0.91 1.00    0.46
ptratio 0.29 0.46 0.46    1.00

> round(cor(zBoston[, v.clusters$cluster==3]),2)
      indus  nox  age lstat
indus  1.00 0.76 0.64  0.60
nox    0.76 1.00 0.73  0.59
age    0.64 0.73 1.00  0.60
lstat  0.60 0.59 0.60  1.00
```

↑ 변수군집 별로 상관행렬을 살펴본 결과 cluster 1 내에서는 zn과 dis 간 관

계가 눈에 띕니다 (교외 지역에서는 1 필지 당 면적이 큼을 의미). cluster 2와 cluster 3은 각각 상호 응집도가 강한 변수들로 구성되어 있습니다.

군집별로 한 변수를 꼽아 대표시키면 전체 그림을 보는데 도움이 됩니다. 군집 1은 1필지 당 크기인 zn 같은 것이고, 군집 2는 범죄율 crim 같은 것이고, 군집 3은 산업화 비율 indus 같은 것이며, 군집 4는 강(river)의 전망성 chas입니다.[27] 이들 변수들이 주택가격 medv를 제외한 13개 변수들 중에서 핵심입니다.

8.4 다변량 데이터의 시각화

$p\ (\geq 4)$차원 다변량 공간은 직접 들여다 볼 수 없습니다. 2차원 평면 또는 3차원 공간에 개체 점들을 투사하여 근사적 이미지를 얻어내는 것이 최선입니다. 그런데 고차원 공간을 큰 폭으로 저차원에 축소해 넣으면 정보의 손실이 크게 됩니다. 따라서 이를 완화하기 위해 다음 절차를 따라 분석 및 시각화 작업을 합니다.

[1] p개의 변수들을 k개의 그룹으로 나누는 변수 군집화를 합니다.

[2] 주성분분석과 biplot을 활용하여 변수군집별로 소속 변수들만으로 n개 개체들을 시각화합니다.[28]

[3] 개별 변수군집을 1개의 잠재변인으로 대표시키고 이렇게 모인 k개 잠재변인 간 상관성을 살펴봅니다.

사례 1. Boston 데이터에서 13개 $(=p)$개의 변수를 4개 $(=k)$개의 그룹으로 나눠 이 방법을 적용해보기로 하겠습니다. 단계 [1]은 앞 절에서 이미 하였습니다. 단계 [2]를 변수 그룹 1에 적용한 결과가 <그림 3>입니다. <그림 4>는 개체 점에 2절의 개체군집을 구분 표지한 것입니다.

---

27) 군집 내 다른 변수들과의 상관계수들의 합을 기준으로 하면 군집 1, 2, 3을 대표하는 변수는 dis(도심과의 거리), rad(고속도로 접근성), nox(공기오염도)입니다.

28) biplot(행렬도)에 대하여는 허명회 (2014)의 《응용데이터분석》의 제16장을 참조하세요.

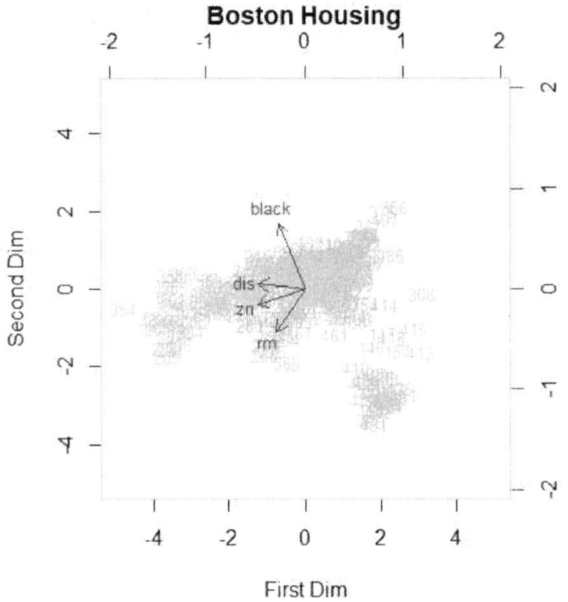

<그림 3> 변수군집 1의 biplot 시각화

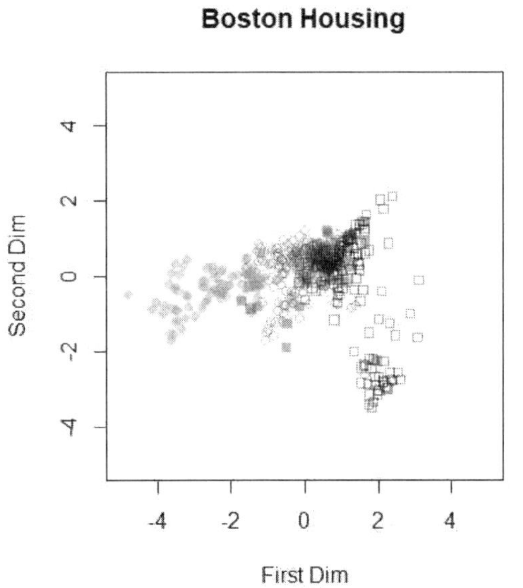

<그림 4> 변수군집 1의 biplot 시각화: 개체군집에 컬러 부여

```
pca.1 <- princomp(zBoston[, v.clusters$cluster==1], cor=T)
biplot(pca.1, scale=0, cex=0.8, xlab="First Dim", ylab="Second Dim",
    xlim=c(-5,5), ylim=c(-5,5), main="Boston Housing",
    col=c("gray","red"))
plot(pca.1$scores[,1:2], xlab="First Dim", ylab="Second Dim",
    xlim=c(-5,5), ylim=c(-5,5), main="Boston Housing",
    col=c("#FF000077","#00FF0077","#0000FF77","#FF00FF77")[clusters$cluster],
    pch=c(15,16,22,21)[clusters$cluster])
```

이런 식으로 변수군집 2와 군집 3을 시각화합니다. 군집 4는 1개 변수로 구성되어 있으므로 차원축소가 불필요합니다.

군집별로 "군집 내 모든 변수들의 합"으로 "잠재변인"을 정의하고, 이렇게 정의된 잠재변인들 간 상관행렬을 구해보겠습니다.

```
> library(nnet)
> round(cor(zBoston %*% class.ind(v.clusters$cluster)), 2)
      1     2     3     4
1  1.00 -0.60 -0.81  0.00
2 -0.60  1.00  0.66 -0.07
3 -0.81  0.66  1.00  0.05
4  0.00 -0.07  0.05  1.00
```

군집 1과 군집 2은 역상관 관계입니다. 군집 1과 군집 3도 역상관 관계입니다. 군집 2와 군집 3은 유사합니다. 군집 4는 다른 군집들과 독립적입니다.

체크포인트

개체 군집화는 n개 개체들을 몇 개의 그룹으로 유형화합니다. 이를 위해서는 개체 간 거리가 정의되어야 합니다. k-평균 군집화는 그룹 수가 k인 개체 군집화를 합니다.

변수 군집화는 p개 변수들을 몇 개의 그룹으로 묶어냅니다. 변수군집별 데이터에 대한 주성분분석과 biplot 시각화로써 전체 데이터를 효과적으로 이해할 수 있습니다. 이 토픽에 관심이 있는 학생은 11장을 학습하기 바랍니다.

R 스크립트

8.2절 8_boston housing.R

8.3절 8_boston housing.R

8.4절 8_boston housing.R

2부. 토픽 편

9장. 신경망 "neuralnet"

인공신경망(artificial neural network; 신경망)은 뇌의 구조와 기능을 모형화한 것으로, 입력 층과 은닉 층(hidden layer), 출력 층의 뉴런들, 그리고 이들을 잇는 연결선(synapse)으로 구성된다. 신경망은 지도학습(supervised learning)의 한 방법으로 역전파 알고리즘(back-propagation algorithm) 또는 이것의 변형으로 적합되어 예측분석(predictive analytics)에 사용된다. 이 장에서는 R 패키지 "neuralnet"을 활용하여 신경망 분석을 할 것이다.

9.1 인공신경망

인공신경망(신경망, neural network)은 입력 값 $x_1, \cdots, x_p$로부터 출력 값 y에 이르는 과정을 뇌(腦, brain)의 구조와 기능으로부터 유추한다. 즉 입력 변수(= 입력 노드)와 출력 변수(= 출력 노드) 사이에 <그림 1>과 같이 몇 개 노드를 중개자로 넣어 활용한다. 앞으로 다음 몇 개의 용어를 자주 쓰게 될 것이다.

- 입력 층(input layer): 입력 노드들 $x_1, \cdots, x_p$의 통칭
- 출력 층(output layer): 출력 노드(들) y의 통칭
- 은닉 층(hidden layer): 입력 층과 출력 층 사이에 낀 "은닉" 노드들의 통칭.

<그림 1>의 예에서는 은닉 층이 1개이지만 은닉 층이 2개 이상일 수도 있다. 소위 딥러닝(deep learning)은 은닉 층의 수가 "많은" (2개 이상인) 신경망이다.

일단 은닉 층이 1개이고 그 안에 q개의 노드(변수)가 있다고 하자. 그리고 이들을 $z_1, \cdots, z_q$로 표기하자. 은닉 변수들은 실제 관측되는 변수들이 아닌 "잠재변수(潛在變數, latent variable)"이다. 각 은닉 변수 z_k는 입력 변수 $x_1, \cdots, x_p$와 다음 관계에 있다고 상정한다 $(k = 1, \cdots, q)$.

$$z_k = f_k(w_{0k} + \sum_{j=1}^{p} w_{jk} x_j), \tag{1}$$

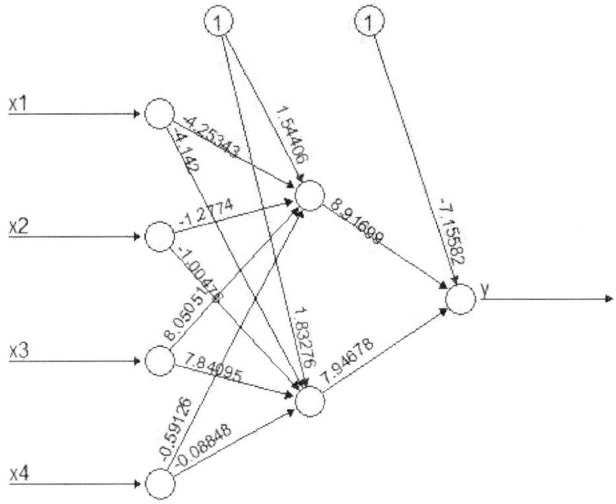

<그림 1> 신경망 모형의 보기

여기서 w_{jk}는 (입력)노드 j에서 (은닉)노드 k로 가는 연결 줄 (시냅스 synapse)에 붙은 "weight"이고 w_{0k}는 노드 k에 영향을 주는 상수항,[1] $f_k(u)$는 활성화 함수(activation function)라고 하는 선형예측식 $u_k (= w_{0k} + \sum_{j=1}^{p} w_{jk} x_j)$의 변환이다.[2] 활성화 함수의 예는

- 로지스틱(logistic) 함수: $f(u) = \dfrac{e^u}{1+e^u}, \quad -\infty < u < \infty.$
- hyperbolic tangent 함수: $f(u) = \dfrac{e^u - e^{-u}}{e^u + e^{-u}}, \quad -\infty < u < \infty.$
- 무변환: $f(u) = u, \quad -\infty < u < \infty$

등이다. 다시 말하여 입력 변수 $x_1, \cdots, x_p$의 선형결합과 상수의 합 u_k에 로지스틱과 같은 단조변환을 취하여 잠재변수 z_k가 결정된다고 보는 것이다. 로지스틱과 hyperbolic tangent 변환은 투입값 u_k의 양쪽 끝 부분을 완화시킨다.

---

1) 이것을 신경망에서는 'bias'라고 하고 <그림 1>에서는 ①에서 은닉노드 k로 가는 시냅스에 붙은 계수이다.

2) $u_k = w_{0k} + \sum_{j=1}^{p} w_{jk} x_j, \; k = 1, \cdots, q.$

이렇게 잠재변수 $z_1, \cdots, z_q$가 정해지면 이들과 bias의 결합의 단조변환으로 출력 변수 y가 결정된다고 본다.

$$y = g\left(w_{0y} + \sum_{k=1}^{q} w_{ky} z_k\right), \tag{2}$$

여기서 $g(v_y)$는 선형예측식 $v_y = w_{0y} + \sum_{k=1}^{q} w_{ky} z_k$의 활성화 변환이다. 출력변수 y가 이항형(0,1)인 경우에는 로지스틱 변환이, 연속형인 경우 무변환이 적정하다.

은닉 노드 z_k는 입력 변수 $x_1, \cdots, x_p$ 및 출력 변수 y와 달리 관측되지 않는다. 이것은 현상의 배후에 자리 잡은 추상적 개념(abstract concept)인 것이다. 다시 말하여, 신경망은 입력 변수 $x_1, \cdots, x_p$에 대한 추상화를 거쳐 출력 변수 y로 전환 된다는 것이다. 예컨대,

x1: 국어,　x2: 영어,　x3: 수학,　x4: 과학,　　y: 대학입학(0, 1)

에서

z1: "언어능력",　z2: "수리능력"

과 같은 것이다. 그러나 신경망은 각 은닉 노드에 대해 이름 짓기(naming)을 스스로 하지 않는다.

출력 변수 y의 결정 식 (1)에 오차가 없을 수 없다. y가 연속형 수치인 경우에는 오차는 관측값과 모형값 간 차이이고, y가 이항형(0,1)인 경우에는 실제 값과 모형확률 사이의 괴리가 오차인데 이것들의 총합을 다음과 같이 규정한다.[3)]

- 오차총합 SSE (sum of squared errors):　y가 연속형 수치인 경우

$$E = \frac{1}{2} \sum_{i=1}^{n} (y_i^{\text{obs}} - y_i^{\text{net}})^2 .$$

- 크로스 엔트로피 CE (cross-entropy):　y가 이항형 (0,1)인 경우

$$E = -\sum_{i=1}^{n} \left\{ y_i^{\text{obs}} \log_e y_i^{\text{net}} + (1 - y_i^{\text{obs}}) \log_e (1 - y_i^{\text{net}}) \right\}.$$

이제 남은 문제는 오차총합 E가 최소화되는 시냅스 계수들을 찾아내는 것이다.

---

3) y_i^{obs}는 개체 $i\,(=1, \cdots, n)$의 y 관측값이고 y_i^{net}는 개체 i의 네트워크 y 산출값이다.

9.2 역전파 알고리즘

신경망 모형에는 많은 수의 시냅스가 있는데 이것에 적정 "weight"를 붙이는 것은 쉽지 않은 일이다. 다음 작업이 필요하다.

- 모든 입력변수를 표준화한다. weight를 단위무관(unit-free)하게 할 필요가 있기 때문이다. 표준화의 방법은 범위 표준화와 평균-표준편차 표준화가 있다. 전자는 최소값이 0, 최대값이 1이 되도록 하는 선형변환이고, 후자는 평균이 0, 표준편차가 1이 되도록 하는 선형변환이다.
- 모든 가중치를 정규분포로부터의 임의 값으로 초기화한다. 임시로 신경망이 설정되면 입력 층에서 은닉 층을 거쳐 출력 층의 노드 값을 생성한다. 그 결과로 오차총합 E를 얻는다.
- 가중치에 의한 오차총합 E의 gradient(편미분 벡터)를 산출한다. "역(逆)전파 알고리즘" (back-propagation algorithm)은 음의 gradient 방향으로 weight들을 약간 증감시키는 방법이다. 이때 이동의 크기는 학습률(learning rate) α에 의하여 제어된다. 탄력적(resilient) 역전파 알고리즘은 학습률 α의 크기를 네트워크의 적합이 진행됨에 따라 점차 작게 조정하고 gradient의 반영 방식에 변화를 준 알고리즘으로 R의 "neuralnet" 팩키지에 구현되어 있다.
- 모든 역전파 알고리즘에 의한 해는 대역적 최저점(global minimum)이 아닌 국소적 최저점(local minimum)일 수 있다 (실망스럽게도). 이런 문제를 다소 완화하기 위하여, 다수의 초기점에서 출발하여 알고리즘에 의해 최종 도달한 국소적 최저점 중에서 오차총합이 가장 작은 해를 취한다.

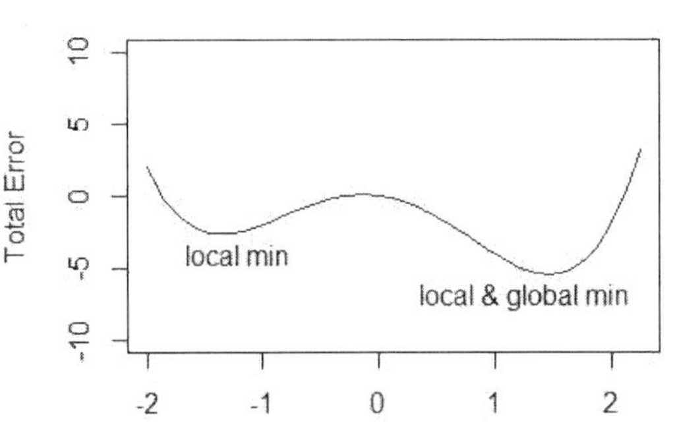

9.3 신경망의 구조

이 장에서 다루는 신경망은 다층퍼셉트론모형(multi-layer perceptron model)으로 은닉 층의 수와 은닉 층 내 노드의 수가 관건이다. 출력이 연속함수로 표현되는 경우 Cybenko의 “universal approximation theorem”에 의해 은닉 층은 1개여도 된다. 그러나 이 정리는 몇 개의 노드가 있으면 되는지를 말하지 않는다. 복잡할 것 같지 않은 사회적 현상에 대한 모형으로서의 신경망은 작은 수 (7-8개 이내)의 은닉 노드로 충분히 표현할 수 있다. 추상적 개념의 표상인 은닉 노드들을 위계적으로 구조화할 생각이라면 은닉 층의 수를 2개 이상으로 두어야 하고 그럴 생각이 없다면 은닉 층의 수는 1개로 둔다.

경험적으로 적정한 신경망 모형은 AIC 등 모형선택 기준을 적용하여 찾거나 독립적인 테스트 데이터에서 예측 오차를 평가하여 찾는다.

9.4 R 팩키지 “neuralnet”

R 팩키지 “neuralnet”은 다층 퍼셉트론 신경망을 적합하여 다수의 공변량과 반응 간의 함수적 관계를 추정해낸다. 모형적합은 역전파 알고리즘과 3종의 탄력적 역전파 알고리즘으로 할 수 있고 사용자가 활성화 함수와 오차총합을 지정할 수 있다. 세부적 설명과 사항은 Gunther and Fritsch (2010)의 R Journal 논문과 CRAN의 “neuralnet” 매뉴얼을 참조하기 바란다.

“neuralnet” 팩키지의 주요 함수는 neuralnet()이다. 용법은 다음과 같다.

```
neuralnet(formula, data, hidden = 1, rep = 1,
          algorithm = "rprop+",
          err.fct = "sse", act.fct = "logistic",
          linear.output = TRUE, likelihood = FALSE)
```

여기서 `formula`는 출력변수와 입력변수의 지정 문이고, `data`는 신경망 적합에 쓰일 데이터 프레임이다. 그리고

hidden	은닉 층의 수와 층별 노드 수를 벡터로 지정한다. 예컨대 c(4,2)는 은닉 층 1에 노드 4개, 은닉 층 2에 노드 2개가 있음을 말한다.
rep	모형의 적합 횟수를 말한다. 이것을 늘리면 국소적 해에서 벗어날 가능성이 커진다.
algorithm	역전파 알고리즘 "backprop" 외에 이것의 탄력적 버전인 "rprop+"를 쓸 수 있다 (디폴트). 그 외에 "rprop-" 등이 있다.
err.fct	오차총합의 지정. 오차제곱합 "sse"과 교차 엔트로피 "ce"가 대표적이다.
act.fct	활성화 함수의 지정. 로지스틱 "logistic"과 hyperbolic tangent "tanh" 중에서 선택할 수 있다. 출력 노드에서 이것을 막으려면 linear.output을 FALSE로 놓는다.
likelihood	이것을 TRUE로 놓으면 아카이케 정보량 기준 AIC와 베이즈 정보량 기준 BIC가 산출된다.

이 밖에 유용한 함수는 compute()와 plot.nn()이다.

compute(net, covariate)의 용법:

데이터셋 covariate의 각 개체에 대하여 신경망 net의 출력값을 산출한다.

plot.nn(net, show.weights = TRUE, information=TRUE)의 용법:

신경망 net을 플롯한다. show.weights는 시냅스 가중치의 출력을 제어하고 information은 오차총합과 계산 스텝 수의 출력을 제어한다.

다음 절에서 데이터 사례에 적용한 R 스크립트를 제시하니 보기를 통해 익숙해지길 바란다.

9.5 활용사례

9.5.1 infert 데이터

이 데이터는 infertility(불임성)에 관한 연구에서 나왔다. 불임 83명(case=1)과 비(非)불임 165명(case=1)에 대하여 age, parity, induced, spontaneous 등의 공변량이 조사되었다. 따라서 case를 이항형 출력변수로, age를 포함하는 4개 공변량을 입력변수로 볼 수 있다. 자세한 변수설명은 **help(infert)**를 참조 바란다.

```
> # binary classification
> library(neuralnet)
> data(infert)
> X <- infert[,c("age","parity","induced","spontaneous")]
> y <- infert[,"case"]
> df <- data.frame(scale(X),y)    # 신경망모형 적합전 scaling을 적용하다.
> set.seed(1)                     # 신경망은 random seed에 의존한다.
> nn <- neuralnet(y ~ age+parity+induced+spontaneous, data=df,
+                  hidden=2,           # 1개 은닉층에 2개의 뉴런
+                  err.fct="ce",       # cross entropy 오차 적용
+                  linear.output=F)    # 출력노드에서 선형 활성화 비적용
> print(nn$result.matrix)
                                  1
error                   118.989963070303
reached.threshold         0.008828907722
steps                  4943.000000000000
Intercept.to.1layhid1     6.763737801059
age.to.1layhid1          -1.741546667776
parity.to.1layhid1       11.316913289999
induced.to.1layhid1      -5.744796920085
spontaneous.to.1layhid1  -8.210511937903
:
> plot(nn)
```

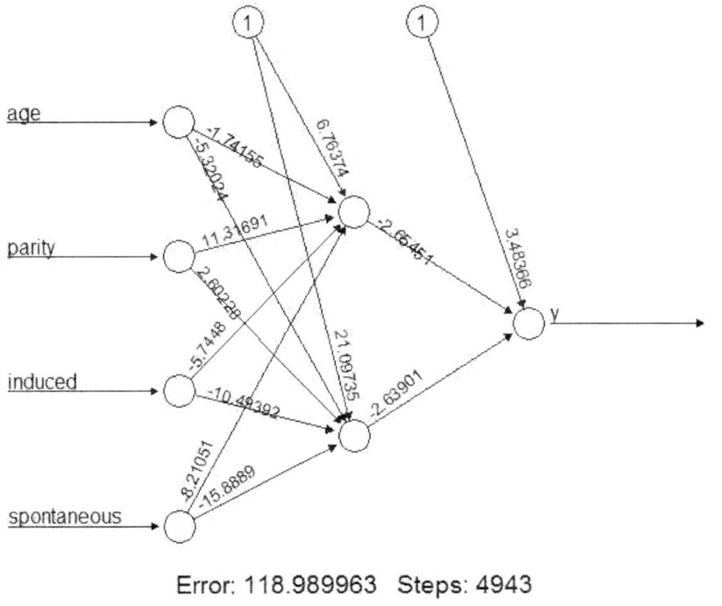

<그림 2> **infert** 신경망: 1개 은닉층, 2개 노드가 적용되었다.

<그림 2>가 적합된 신경망 모형이다. **plot.nn()** 함수로 얻었다. 1개 은닉층에 2개 노드가 있는 것을 볼 수 있다. 최종 오차총합은 119.0 (=cross-entropy)이고 이 값에 이르는 데 4943회의 업데이팅이 있었다.

<그림 3>은 신경망의 적합 횟수를 10회로 지정한 결과이다. 최종 오차총합이 115.6으로 앞의 것보다 작다. 이것도 대역적 최소점이 아닐 수도 있지만 앞의 것은 대역적 최소점이 아닌 것이 확실하다. 물론 계산 시간은 더 걸린다.

```
> set.seed(1)
> nn.10 <- neuralnet(y ~ age+parity+induced+spontaneous, data=df,
+         hidden=2, err.fct="ce", linear.output=F,
+         rep=10)                          # rep 옵션 사용
> plot(nn.10, rep="best")                  # rep 옵션을 "best"로 놓음
```

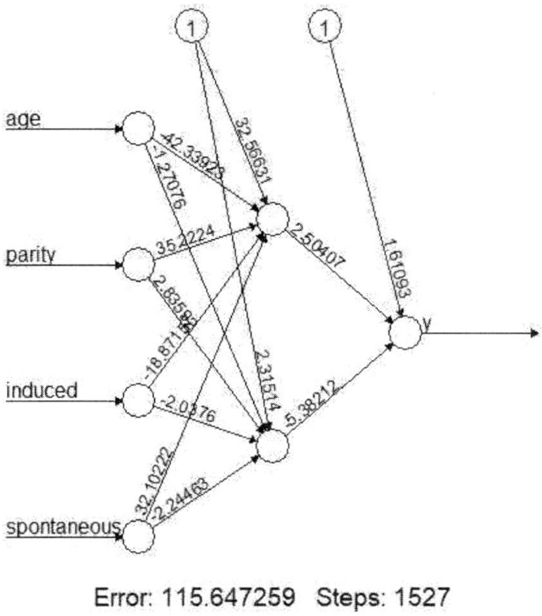

<그림 3> **infert** 신경망: 10회 반복 적합

이제부터는 전체 데이터를 훈련 데이터와 테스트 데이터로 분할하여 신경망 적합은 훈련 데이터로 하고 적합 모형을 테스트 데이터에 적용하여 예측오차를 공정하게 평가하는 과정에 들어갈 것이다. 훈련 데이터와 테스트 데이터의 비율은 3:1이다.

```
> n <- nrow(infert)
> n.1 <- round(n*0.75)
> set.seed(2)
> index <- sample(1:n, n.1)
> X.1 <- infert[index,c("age","parity","induced","spontaneous")]
> y.1 <- infert[index,"case"]
> X.2 <- infert[-index,c("age","parity","induced","spontaneous")]
> y.2 <- infert[-index,"case"]
> df.1 <- data.frame(scale(X.1),y.1)
> mean.1 <- apply(X.1, 2, mean)
```

```
> sd.1 <- apply(X.1, 2, sd)
> set.seed(4)
> nn.1 <- neuralnet(y.1 ~ age+parity+induced+spontaneous, data=df.1,
+           hidden=2, err.fct="ce", linear.output=F)
> pred.1 <- compute(nn.1, df.1[,1:4])$net.result   # 모형 적합값 산출
```

앞의 마지막 줄에서 산출된 **pred.1**은 훈련 데이터에서 모형 적합값으로 확률로 표현되어 있다. 이것이 훈련 데이터에서의 범주 0 비율보다 크면 범주 1로 분류하고 그렇지 않으면 범주 0으로 분류하기로 하자.4)

```
> p.1 <- table(y.1)
> cut.1 <- quantile(pred.1, prob=p.1[1]/(p.1[1]+p.1[2]+1))
> tab.1 <- addmargins(table(pred.1 > cut.1, df.1$y.1))
> tab.1
        0   1 Sum              # 훈련 데이터에 재적합하여 얻은 오류율은
 FALSE 101  21 124             # 42/186, 즉 23%이다.
 TRUE   21  43  64
 Sum   122  64 186
```

다음은 테스트 데이터에 적합모형을 적용하여 공정한 오류율을 산출하는 과정이다. 이를 위하여 테스트 데이터의 공변량을 훈련 데이터의 평균과 표준편차에 준거하여 표준화할 필요가 있다.

```
> df.2 <- data.frame(scale(X.2, center=mean.1, scale=sd.1), y.2)
> pred.2 <- compute(nn.1, df.2[,1:4])$net.result
> tab.2 <- addmargins(table(pred.2 > cut.1, df.2$y.2))
> tab.2
       0  1 Sum                # 테스트 데이터에 적용하여 얻은 오류율은
 FALSE 34  8  42               # 17/62, 즉 27%
 TRUE   9 11  20
 Sum   43 19  62
```

참고로, 로지스틱 모형의 경우 테스트 오류율은 21/62, 즉 34%이다. 따라서, 이 사례에서는 신경망 모형이 로지스틱 모형에 비해 우수하다고 볼 수 있다.

---

4) 다른 방법도 있다. 간단하게 이 확률이 0.5보다 크면 범주 1로 분류하고 그렇지 않으면 범주 0으로 분류하는 방법이 그렇다.

9.5.2 Boston 데이터

"MASS" 팩키지의 Boston 데이터는 보스턴 지역의 블록 단위 주택가격에 관한 자료로서 반응변수 medv (중간값 주택가격)와 13개 공변량으로 구성되어 있다. 관측 수는 506이다. 훈련 데이터 대 테스트 데이터의 비율은 3:1로 한다.

```
> library(MASS)
> data(Boston)
> data <- Boston
> index <- sample(1:nrow(data),round(0.75*nrow(data)))
> train <- data[index,]
> test <- data[-index,]
```

다음은 선형회귀분석 부분이다.

```
> lm.fit <- glm(medv ~ ., data=train)
> summary(lm.fit)
> pr.lm <- predict(lm.fit,test)
> MSE.lm <- sum((pr.lm - test$medv)^2)/nrow(test)
```

다음은 신경망 모형 투입이전에 해야 할 공변량 표준화 부분이다. 최소값이 0, 최대값이 1인 범위 표준화를 적용하였다.

```
> maxs <- apply(train, 2, max)
> mins <- apply(train, 2, min)
> train_ <- as.data.frame(scale(train, center=mins,
+            scale= maxs-mins))
> test_ <- as.data.frame(scale(test, center=mins, scale= maxs-mins))
```

다음은 신경망 구조 설정 부분이다. 은닉 층을 2개로 하였는데 층 1에는 5개의 노드를, 층 2에는 3개의 노드를 넣었다. 모형적합은 2회 반복으로, 출력노드에서는 무변환(선형출력)을 지정하였다. 반응변수가 연속형이기 때문이다.

```
> library(neuralnet)
> n <- names(train_)
```

```
> f <- as.formula(paste("medv ~", paste(n[!n %in% "medv"],
+      collapse = " + ")))
> nn <- neuralnet(f, data=train_, hidden=c(5,3), rep=2,
+       linear.output=T)
> print(nn)
2 repetitions were calculated.
        Error Reached Threshold Steps
1 0.3857463901    0.009849349026  1567
2 0.4518236956    0.008682433666  2556
```

다음은 테스트 데이터에서 모형 예측값을 산출하는 과정이다. 더불어 평균제곱오차 MSE를 산출하였다.

```
> pr.nn <- compute(nn, test_[, 1:13])
> pr.nn_ <- pr.nn$net.result * (max(train$medv)-min(train$medv))
+          + min(train$medv)
> test.r <- (test_$medv)
+            * (max(train$medv)-min(train$medv)) + min(train$medv)
> MSE.nn <- sum((test.r - pr.nn_)^2)/nrow(test_)
> round(c(MSE.lm,MSE.nn),1)
[1] 22.2  9.8
```

그 결과는 선형회귀 모형의 경우엔 MSE가 22.2이고 신경망 모형의 경우는 MSE가 9.8로 나타났다. 신경망 모형의 성능이 훨씬 좋음을 의미한다. 다음은 모형성능을 적합값(수직축) 대 실제값(수평축)의 산점도로 보여주는 과정이다. <그림 4>에서 좌우를 비교해보라.

```
> par(mfrow=c(1,2))
> plot(test$medv, pr.lm, xlim=c(0,60), ylim=c(0,60), col='blue',
+     main='Real vs predicted lm',pch=18, cex=0.7)
> abline(0,1,lwd=2)
> legend('bottomright', legend='LM', pch=18, col='blue', cex=.8)
```

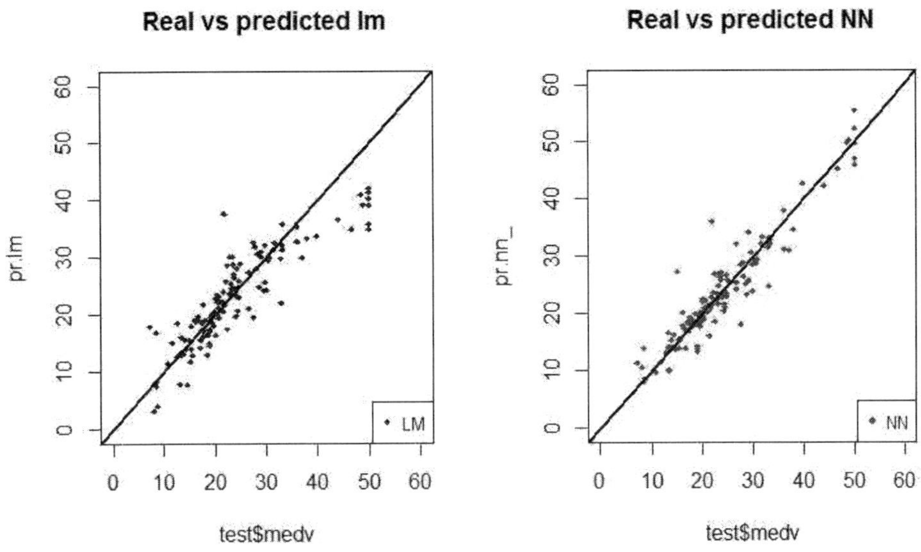

<그림 4> 적합값(수직축) 대 실제값(수평축): 선형회귀모형[좌], 신경망모형[우]

```
> plot(test$medv, pr.nn_, xlim=c(0,60), ylim=c(0,60), col='red',
+      main='Real vs predicted NN', pch=18, cex=0.7)
> abline(0,1,lwd=2)
> legend('bottomright', legend='NN', pch=18, col='red', cex=0.8)
```

9.6 딥러닝

딥러닝(deep learning)은 은닉 층의 수가 많은 신경망 모형이다. 그렇다고 단순히 은닉 층을 높이 (길게) 쌓는 것은 아니다. 대상 데이터의 특성을 살리는 특정한 구조의 노드를 체계적으로 끼워 넣은 신경망 모형이다. 이런 딥러닝은 이미지 처리와 사운드 분석 등 공학 분야의 지도학습에서 특히 좋은 성능을 발휘한다.

딥러닝을 위한 R 패키지로는 "darch"가 있지만 실제적인 딥러닝을 위해서는 h2o 또는 TensorFlow와 같은 전문 소프트웨어를 활용할 필요가 있다.

딥러닝은 워낙 넓고 깊은 토픽이므로 이 장에서 개괄이라도 하는 것은 무리이다. 이 분야 개괄에 관하여는 다음 책을 보라.

- Jeff Heaton (2015). Artificial Intelligence for Humans Volume 3: Deep Learning and Neural Networks.
- 김의중 (2016). 인공지능, 머신러닝, 딥러닝 입문.

탐구문제

1. R의 "kernlab" 팩키지에서 제공하는 spam 데이터에 대하여 신경망 모형을 구축하고 예측 오류율을 평가하라.

R 스크립트

```
neuralnet infert.R
neuralnet boston.R
```

10장. 일반화선형모형의 정형화 “glmnet”

선형회귀모형에서 모형계수 벡터 $\underline{\beta}$에 대한 최소제곱 해보다는 이것을 약간 축소한 ridge 해를 쓰는 것이 예측 성과가 좋은 것으로 알려져 있다. 또한 $\underline{\beta}$의 일부 요소를 0으로 퇴화시킨 lasso 해를 쓰게 되면 모형이 간결해진다는 잇점이 있다. 이를 일반화선형모형(generalized linear model, glm)에 통합적으로 적용한 것이 glm의 정형화(整形化, regularization)이다.[5] 이런 정형화는 설명변수의 수 p가 큰 경우에 특히 유효하다. 이 장에서는 R 팩키지 “glmnet”을 활용할 것이다.

10.1 페널티 가능도 (penalized likelihood)

N개의 개체가 각각 반응변수 y와 길이 p의 설명벡터 $\boldsymbol{x}$로 구성되어 있다고 하자. 그리고 개체 가중치가 모두 같다고 하자. 이런 데이터에 일반화선형모형을 상정하면 평균 음 로그-가능도(average negative log-likelihood)가

$$\frac{1}{N}\sum_{i=1}^{N} l\,(y_i, \beta_0 + \underline{\beta}^T \boldsymbol{x}_i) \tag{1}$$

로 표현된다. 여기서 $l\,(y, \eta)$는 음 로그-가능도(negative log-likelihood)인데 구체적 함수 형태는 y의 확률분포에 따라 다르다. 아무튼 β_0와 $\underline{\beta}$의 최대가능도추정치(mle)는 (1)을 최소화하여 얻어진다.

이것은 정규분포의 경우 평균제곱오차(mean squared error) $\frac{1}{N}\sum_{i=1}^{N}(y_i - \eta_i)^2$를 최소화하는 것과 마찬가지이고, 베르누이 분포의 경우 (1)은

$$\frac{1}{N}\sum_{i=1}^{N}\{\,y_i(-\log_e p_i) + (1-y_i)(-\log_e(1-p_i))\}$$

로 표현된다. 여기서 $p_i = e^{\eta_i}/(1+e^{\eta_i})$.

---

5) ‘regularization’을 정형화(整形化)로 번역하기로 한다. 정형화는 ‘(모형계수들을) 가지런하게 맞춤’의 의미이다.

(1)을 최소화하는 대신, 여기서는

$$\frac{1}{N}\sum_{i=1}^{N} l(y_i, \beta_0 + \underline{\beta}^T \boldsymbol{x}_i) + \lambda\left[\alpha \|\underline{\beta}\|_1 + (1-\alpha)\|\underline{\beta}\|_2^2/2\right] \qquad (2)$$

을 최소화할 것이다. 여기서 $\lambda > 0$, $0 \le \alpha \le 1$이며

$$\|\underline{\beta}\|_1 = \sum_{j=1}^{p} |\beta_j| : \text{L1 norm}, \quad \|\underline{\beta}\|_2^2 = \sum_{j=1}^{p}\beta_j^2 : \text{L2 norm}$$

이다. (2)의 두 번째 항 $\lambda\left[\alpha\|\underline{\beta}\|_1 + (1-\alpha)\|\underline{\beta}\|_2^2/2\right]$이 “비정형성” (irregularity)에 대한 페널티이고 파라미터 λ에 의해 제어된다 ($\lambda = 0$이면 최대가능도추정과 같다). 페널티 부분에서 α는 $\|\underline{\beta}\|_1$와 $\|\underline{\beta}\|_2^2/2$간 비중을 조절하는 파라미터인데, $\alpha = 0$이면 ridge 추정이고 $\alpha = 1$이면 lasso 추정이다.

<그림 1>에서 여러 형태의 페널티 등고선을 보라. 원점에서 멀어질수록 등고선 수준이 높아진다. $0 < \alpha < 1$인 경우의 해를 ‘elastic net’라고 한다.

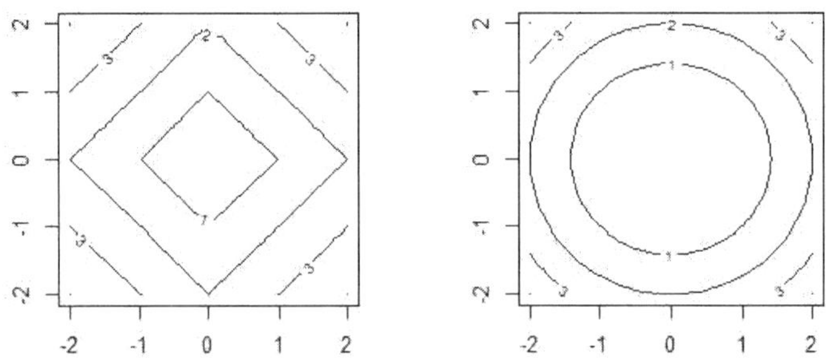

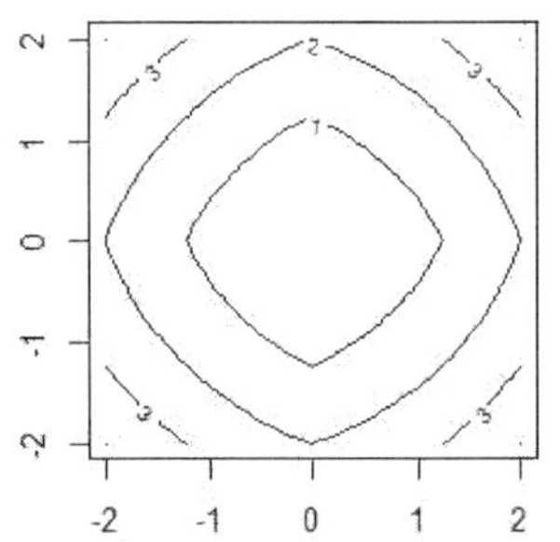

<그림 1> 페널티 등고선

좌상: $\|\underline{\beta}\|_1$, 우상: $\|\underline{\beta}\|_2^2/2$

좌하: $0.5(\|\underline{\beta}\|_1 + \|\underline{\beta}\|_2^2/2)$

이 장의 구성은 다음과 같다. 10.2절에서 lasso와 ridge, elastic net의 계산 예를 보인다. 10.3절에서 lasso와 ridge, elastic net의 통계적 성질을 설명한다. 10.4절에서 한 사례를 통해 페널티 파라미터 λ를 선택하는 방법을 보인다.

이 장에서는 R 팩키지 "glmnet"을 활용하여 lasso와 elastic net을 계산한다. 인터넷 문서 "Glmnet Vignette" (Hastie and Qian, 2014)에 더 많은 수치 예들이 있으니 참조 바란다. 이 장은 lasso와 elastic net의 계산 원리는 다루지 않는다. 이에 대하여는 Friedman, Hastie and Tibshirani (2010)의 JSS (Journal of Statistical Software) 논문을 보길 바란다.

10.2 간단한 수치 예

aerobic 데이터는 에어로빅 적합성 연구에서 나온 것으로 표본은 31명($=N$)으로 구성되어 있다. 측정변수는 oxygen uptake("oxy", 반응)와 6개($=p$) 공변량이다: "age" (나이), weight ("wgt", 체중), run time ("rtm", 1.5마일 주행시간), rest pulse ("rst", 휴식 중 맥박), run pulse ("run", 주행 중 맥박), max pulse ("max", 주행 중 최대맥박). 선형회귀모형을 고려하자.

$$\text{"oxy"} = \beta_0 + \beta_1\,\text{"age"} + \beta_2\,\text{"wgt"} + \beta_3\,\text{"rtm"} + \beta_4\,\text{"rst"}$$
$$+ \beta_5\,\text{"run"} + \beta_6\,\text{"max"} + \text{error}, \quad \text{error} \sim (0, \sigma^2).$$

* 앞의 표기에서는 $\underset{\sim}{\beta} = (\beta_1, \cdots, \beta_6)^t$이다. β_0는 상수항이다.

최소제곱 추정:

```
> aerobic <- read.table("aerobic.txt", header=T)
> str(aerobic)
> m.ls <- lm(oxy ~ ., data=aerobic)
> m.ls$coef[-1]
        age         wgt         rtm         rst         run         max 
-0.22697380 -0.07417741 -2.62865282 -0.02153364 -0.36962776  0.30321713
```

ridge 추정 ($\alpha = 0$): $\lambda = 1$로 고정

```
> library(glmnet)
> m.ridge <- glmnet(as.matrix(aerobic[,-3]), aerobic[,"oxy"],
+            alpha=0, lambda=1)
> m.ridge$beta
6 x 1 sparse Matrix of class "dgCMatrix"
            s0
age -0.24497647
wgt -0.05393683
rtm -2.25872746
rst -0.05768573
run -0.13864317
max  0.04236825
```

* glmnet(x, y, ...) 함수에서 x는 공변량 “행렬”이고, y는 반응변수이다. aerobic[,-3]를 x로 놓으면 오류 메시지가 나온다. R에서 aerobic[,-3]는 데이터 프레임이기 때문이다. 여기서는 lambda를 임시로 1에 고정시켰다.

sum(m.ridge$beta^2/2)을 구해보면 2.59이다. 반면 최소제곱 추정에서 해당 값 sum(m.ls$coef[-1]^2/2)은 3.60이다. ridge 해는 ls 해에 비해 작다.

lasso 추정 ($\alpha = 1$): $\lambda = 1$로 고정

```
> m.lasso <- glmnet(as.matrix(aerobic[,-3]), aerobic[,"oxy"],
+            alpha=1, lambda=1)
> m.lasso$beta
6 x 1 sparse Matrix of class "dgCMatrix"
          s0
age  .
wgt  .
rtm -2.577876
rst  .
run  .
max  .
```

6개의 공변량 중 유일하게 “rtm” (run time) 만 nonzero 계수를 갖고 나머지는 0으로 퇴화되었다. 이처럼 lasso 모형은 절약성(parsimony)이 특징이다.

elastic net 추정 ($\alpha = 0.5$): $\lambda = 1$로 고정

```
> m.net <- glmnet(as.matrix(aerobic[,-3]), aerobic[,"oxy"],
+         alpha=0.5, lambda=1)
> m.net$beta
6 x 1 sparse Matrix of class "dgCMatrix"
            s0
age -0.12289783
wgt  .
rtm -2.46594867
rst  .
run -0.06724347
max  .
```

6개의 공변량 중 3개 공변량만 nonzero 계수를 갖고 나머지는 0으로 퇴화되었다. 그리고 `sum(m.net$beta^2/2)`은 3.05로 **ridge**보다 크지만 **ls** 보다 작다. 이처럼 elastic net 모형은 ridge와 lasso의 중간쯤에 있다.

10.3 lasso, ridge, elastic net의 통계적 성질

선형회귀 모형에서 설명변수의 수 p가 상당히 큰 경우 또는 몇 개의 설명변수들이 상당한 상관(correlated) 관계에 있는 경우 등의 상황에서 최소제곱추정(least squares estimate, ls)은 통계적으로 불안정한 행태를 보인다.[6] 이런 문제를 피하기 위하여 ridge와 lasso를 대안으로 고려하게 된다.[7]

ridge ($\alpha = 0$)와 lasso ($\alpha = 1$)는 최소제곱추정에 비해 안정적인 모형을 제공하지만 반대급부로 통계적 편향(bias)을 갖는다. 페널티 파라미터 λ가 커짐에 따라 제곱 편향이 증가하고 모형의 불안정성(unstability)은 감소한다. 반면, λ가 작아짐에 따라 제곱 편향은 감소하고 불안정성이 증가한다.

---

6) 적합모형이 통계적으로 불안정하다는 것은 Var($\hat{\beta}$)가 크다는 의미이다.

7) lasso는 'least absolute shrinkage and selection operator'의 머리글자이다. ridge는 산의 등줄기(稜線, 능선)이다.

즉, 편향의 제거와 안정성 제고라는 2개의 목표가 상반적인 상황이므로, λ의 선택은 일종의 “거래 문제(trade-off problem)”이다.

일련의 변수들이 양 상관(positively correlated)되어 변수들의 합(sum)이 하나의 잠재변인으로 반응 y에 영향을 준다고 하자. 그런 상황에서 least squares(최소제곱추정) 또는 maximum likelihood(최대가능도추정)은 불안정성을 보인다. 변수들에 붙는 계수에 큰 변동이 나타난다는 말이다. 다중공선성(multicollearity)의 상황이기 때문이다. 이런 상황에서 ridge는 모든 변수들의 합을 적합모형에 반영시키고 lasso는 양 상관 변수들 중 1개를 선별하여 적합모형에 포함시킨다. 결과적으로 ridge와 lasso는 그런대로 좋은 해를 제시하게 되는데, 모형의 안정성 측면에서는 ridge가 낫고 간결성 측면에서는 lasso가 낫다. elastic net은 ridge와 lasso의 결합이므로 ridge와 lasso의 중간 쯤 간다.

앞 절의 aerobic 사례에서 $p=6$이었는데 lasso에는 1개 변수만 선별되었다. 반면 ridge에는 6개가 모두 포함되었고 elastic net에는 3개 변수만 남은 바 있다.

이 절의 남은 부분에서는 1,000개 개체로 구성된 몬테칼로 모의생성 데이터에 lasso와 elastic net을 적합시켜 볼 것이다. 설명변수 100개($=p$) 변수 중 실제로는 10개 공변량만 연속형 반응 y에 영향을 주고 나머지 90개 공변량은 체계적 신호가 나타나지 않도록 다음과 같이 분석 데이터를 생성시켰다.[8)]

```
> n <- 1000; p <- 100
> x <- matrix(rnorm(n*p), n, p)
> y <- x[,1:10] %*% rep(0.25,10) + sqrt(1-10*0.25*0.25)*rnorm(n)
```

과연 lasso가 이들 10개 변수를 제대로 식별해낼 수 있을까? 다음은 lasso 모형을 구축하는 부분이다.

```
> library(glmnet)
> reg.m <- glmnet(x, y, alpha=1, lambda.min = 1e-4, standardize=F)
```

8) 이렇게 생성된 자료에서 x는 $n\times p$ 행렬로서 p개 열들은 독립적으로 표준정규분포를 따른다. 그리고 y는 $x_1, \cdots, x_{100}$에 조건화하여 평균이 $0.25\,(x_1+\cdots+x_{10})$이고 분산이 6/16 (= 1-10/16)인 정규분포를 따른다 (y의 주변 분산은 1이다).

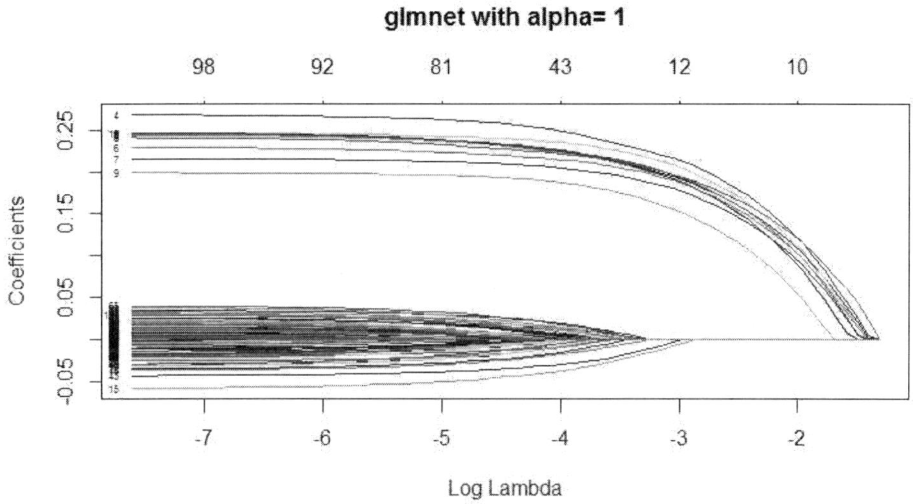

<그림 2> lasso 계수 플롯

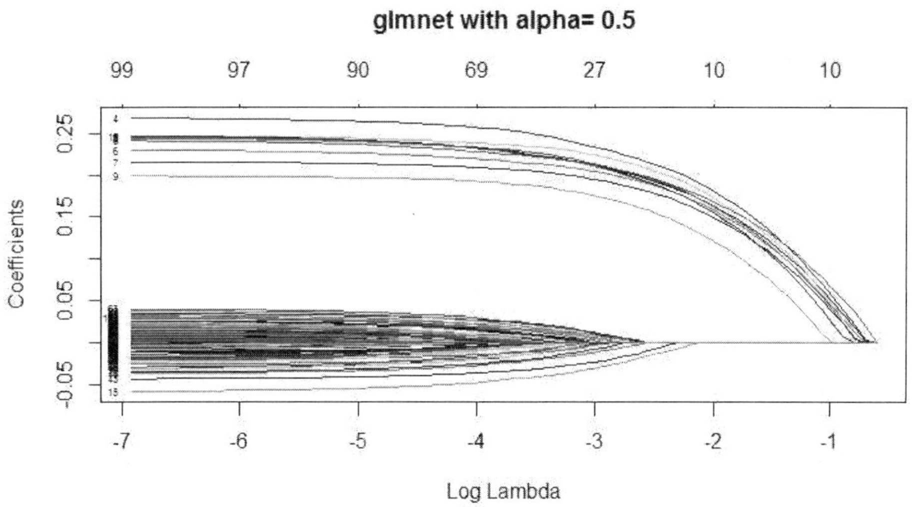

<그림 3> elastic net 계수 플롯

<그림 2>는 $\log_e \lambda$가 커짐에 따른 100개 모형계수의 변화를 보여주는데 $\log_e \lambda$가 -2.5 정도에 이르면 10개의 모형계수만 남는 것을 확인할 수 있다.

```
> windows(width=9, height=6)
> plot(reg.m, label=T, xvar="lambda",
+      main=paste("glmnet with alpha=",alpha))
```

그러면 elastic net은 어떨까? <그림 3>이 $\alpha = 0.5$ 인 elastic net에서 $\log_e \lambda$가 커짐에 따른 100개 모형계수의 변화를 보여준다. $\log_e \lambda$가 -2 정도에 이르면 모형계수 10개만 남는 것을 확인할 수 있다.

반면, ridge는 λ가 커짐에 관련 없이 모형계수들은 모두 nonzero 값을 취한다.

lasso와 elastic net에서 λ의 최적 선택은 k-fold cross-validation(교차평가)으로 한다. 이에 대하여 다음 절에서 사례로 다룬다.

10.4 Leukemia 데이터: lambda의 선택

Leukemia는 백혈병(leukemia)의 두 종류 AML과 ALL로 태그된 유전자 발현 데이터(gene expression data)로서 케이스는 72개($= N$)이고 유전자는 총 3,571개($= p$)이다. 이 데이터에서 반응변수 y는 이항형 (0 for "AML", 1 for "ALL")이므로 로지스틱 회귀모형, 즉 이항분포의 일반화선형모형을 적합하기로 한다.

$\alpha = 0.5$인 elastic net 모형을 만들어보자. 적절한 λ를 찾아야 하는데 이를 위하여 10-겹 교차평가(10-fold cross-validation)을 한다. 즉, 전체 데이터를 10개 subset으로 분할하여 그 중 9개 subset에서 모형을 적합시켜 얻고 남겨둔 1개 subset에서 negative log-likelihood를 산출한다는 것이다.[9)]

```
> library(glmnet)
> load("Leukemia.RData")
> str(Leukemia)
```

9) negative log-likelihood는 연속형 y에서는 평균제곱오차와, 이항형 y에서는 binomial deviance와 동등하다.

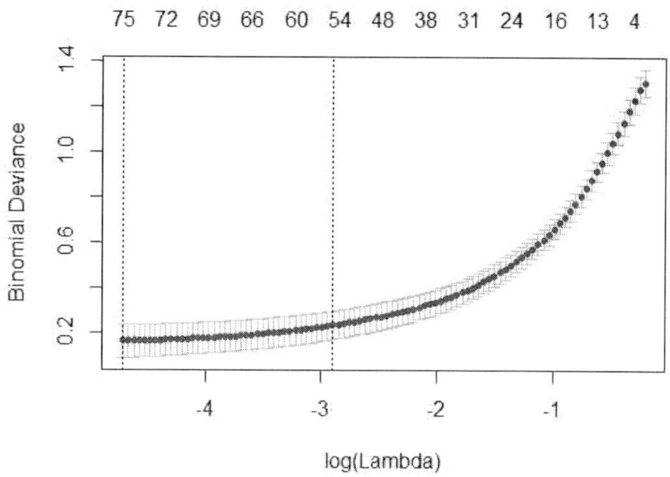

<그림 4> λ의 선택에 따른 10겹 교차평가 그래프

```
> x <- Leukemia$x
> y <- Leukemia$y
> cvfit <- cv.glmnet(x, y, family="binomial", alpha=0.5)
> plot(cvfit)
```

<그림 4>가 출력 그래프인데 binomial deviance의 값이 낮게 유지되는 곳에 수직 띠가 그려지는데 이 구간의 log(λ)가 적절한 선택이다.

띠의 좌측 경계는 binomial deviance (연속형 y의 경우엔 평균제곱오차 mean squared error)가 최소인 $\log_e \lambda$에 설정되고 우측 경계는 최소 binomial deviance의 +1 표준오차(standard error)에 해당하는 $\log_e \lambda$에 설정된다.

즉, 띠의 우측 경계에서 데이터에 부합하되 가장 정형화된(most regularized) 모형이 나온다. 이 사례에서 우측 경계는 다음과 같다.

```
> cvfit$lambda.1se; log(cvfit$lambda.1se)
[1] 0.05512707
[1] -2.898114
```

즉, $\log_e \lambda = -2.9$ 에서 54-60개 정도의 유전자가 선별되는데 정확한 숫자는 다음에서 보듯 55개이다.10)

```
> nonzeroCoef(coef(cvfit, s="lambda.1se"))-1
 [1]    0  158  219  376  436  456  626  657  672  742  874  888  918
[14]  956  979 1000 1001 1007 1099 1182 1219 1251 1356 1620 1652 1749
[27] 1780 1835 1946 2141 2198 2230 2235 2239 2246 2387 2481 2537 2546
[40] 2571 2727 2789 2831 2859 2888 3038 3093 3098 3158 3201 3216 3218
[53] 3292 3336 3345 3441
```

다음은 $\lambda = 0.055$ (즉, $\log_e \lambda = -2.9$)에서 elastic net 모형의 절편항 계수 및 0이 아닌 회귀 계수들을 보여준다.

```
> net <- glmnet(x, y, family="binomial", alpha=0.5,
+               lambda=cvfit$lambda.1se)
> beta <- coef(net)
> round(beta[1],3)
[1] -1.306
> round(beta[nonzeroCoef(beta)[-1]],3)
 [1]  0.015 -0.046 -0.027  0.021 -0.188 -0.126 -0.012 -0.176 -0.004 -0.133
[11]  0.016  0.061  0.229  0.289  0.038 -0.048  0.036  0.121  0.180 -0.165
[21] -0.008 -0.064  0.026  0.153  0.036 -0.025  0.070  0.198 -0.116 -0.063
[31]  0.129 -0.035 -0.039  0.001 -0.034  0.255  0.031 -0.053  0.022 -0.012
[41] -0.038  0.002 -0.020  0.029  0.175  0.028  0.153  0.007 -0.026  0.094
[51]  0.026  0.077 -0.061 -0.017 -0.111
```

모형을 훈련 데이터 x와 y에 재적합하여 얻은 분류표는 다음에서 보듯 완벽하다.

```
> table(predict(net, newx=x, type="class"), y)
   y
    0  1
  0 47  0
  1  0 25
```

10) 1을 빼주는 이유는 첫 번째 요소가 절편 항이기 때문이다. 즉, 절편 항을 제외하면 coef(cvfit, s="lambda.1se")에서 55개 값이 0이 아니다. cv.glmfit() 함수에 임의적 처리가 있으므로 개별 결과는 다를 수 있다.

물론 이런 재적합 평가에서는 분류 오류가 과소한 것이 사실이다. 전체 데이터를 훈련 데이터와 테스트 데이터로 분할하여 평가하는 것이 공정하다.

이상은 elastic net였는데 `alpha` 값 0.5를 1로 대치하여 같은 스크립트를 실행하면 해당하는 lasso 모형을 얻을 수 있다. 그 결과로 계수가 영이 아닌 유전자는 15개로 나타났고 (유전자 번호 158, 456, 626, 672, 956, 979, 1182, 1219, 1652, 1946, 2481, 2537, 2888, 3098, 3158), 재적합 평가에서 분류 오류가 0으로 나타났다.

10.5 R 팩키지 “glmnet”의 기능

“glmnet”은 개체 가중치를 허용한다. 따라서 가중 데이터에 대한 일반화선형모형 적합이 가능하다. 또한 “glmnet”은 y의 분포로 "gaussian"과 "binomial" 외에 "poisson", "multinomial", "cox"와 "mgaussian"을 받는다. 여기서 "cox"는 Cox 비례위험모형(proportional hazard model)이고 "mgaussian"은 다변량 정규분포이다. 상세사항은 팩키지 매뉴얼을 참조하기 바란다.

R 팩키지 “glmnet”은 α값에 따른 모형들을 직접 비교하지 않는다. 예컨대, 10.4절의 Leukemia 사례에서 lasso ($\alpha = 1$)가 좋은지, 아니면 elastic net ($\alpha = 0.5$)이 좋은지를 직접 알려주지 않는다. 그러나 각 α에 대하여 λ값에 따른 MSE 또는 binomial deviance를 알려주므로 이런 성과지표를 비교함으로써 α의 선택이 가능하다.

탐구문제

R 팩키지 “kernlab”의 spam 데이터는 4,601개의 메일에 대한 58개 feature로 구성되어 있다. 그 중 하나가 분류 태그인 type (=“nonspam”, “spam”)이고 나머지 57개 변수는 메일의 언어적 특성에 관한 것이다. type에 대한 로지스틱 모형의 elastic net 추정에서 가장 좋은 α는 0, 0.5, 1 중에서 어느 것인가?

참고문헌

Friedman, Hastie and Tibshirani (2010). "Regularization Paths for Generalized Linear Models via Coordinate Descent", Journal of Statistical Software. Vol. 33, Issue 1.

Hastie and Qian (2014). "Glmnet Vignette", https://web.stanford.edu/~hastie/glmnet/glmnet_alpha.html.

R 스크립트와 데이터

```
glmnet aerobic.R
aerobic.txt
glmnet regression simulated.R
glmnet leukemia.R
Leukemia.RData
```

11장. 변수 군집화: "ClustOfVar"과 "ClustVarLV"

변수 수 p가 상당한 경우 회귀모형 등 지도학습이나 주성분분석과 같은 비지도 학습에서 변수 모두를 한 번에 투입하는 것은 무리이다. 이런 때 한 방법은 변수들을 m개의 군집으로 묶고 각 군집을 하나의 잠재변수로 대표시키는 것이다 (이때 m은 p에 비해 작다). 그러면 $n \times p$ 데이터세트는 $n \times m$ 데이터세트로 축소된다. 이 장에서는 이런 변수 군집화가 구현된 "ClustOfVar"과 "ClustVarLV"의 방법론과 활용 방법을 다룬다.

11.1 ClustOfVar 방법론

n개 p변량 개체 데이터가 양적 변수 $\boldsymbol{x}_1, \cdots, \boldsymbol{x}_{p_1}$과 질적 변수 $\boldsymbol{z}_1, \cdots, \boldsymbol{z}_{p_2}$로 구성되어 있다고 하자 ($p_1 + p_2 = p$). 이에 따라 데이터세트를 (X, Z)로 표기한다. 여기서 $X: n \times p_1$이고 $Z: n \times p_2$이다. 변수 군집화(clustering of variables)의 목표는 $\boldsymbol{x}_1, \cdots, \boldsymbol{x}_{p_1}$과 $\boldsymbol{z}_1, \cdots, \boldsymbol{z}_{p_2}$를 m개의 그룹에 나눠넣는 데 있다. 방법론의 쉬운 설명을 위해, 일단 모든 변수들이 양적이라고 하자.

표준화(평균 = 0, 표준편차 = 1) 후 양적 변수 $\boldsymbol{x}_j$의 벡터크기(norm)는 $\sqrt{n-1}$이다 (즉, $\| \boldsymbol{x}_j \|^2 = n-1$, $j = 1, \cdots, p$). 따라서 표준화된 변수들은 n-차원 공간에서 반경 $\sqrt{n-1}$인 초구(hypersphere)의 표면에 위치한다. <그림 1>을 보라.

변수 군집화의 아이디어는 초구 표면의 변수 점들을 멀고 가까움에 따라 몇 개의 그룹으로 나눠 넣는다는 것이다. 예컨대 <그림 1>에서는 직감으로 $\boldsymbol{x}_1, \boldsymbol{x}_2$이 한 그룹이고 $\boldsymbol{x}_3, \boldsymbol{x}_4, \boldsymbol{x}_5$가 다른 한 그룹임을 유추할 수 있다. 그러나 실제로는 $n \geq 3$이므로 <그림 1>의 평면 시각화는 허구이다.

변수 군집화에서 2차적 목표는 변수 그룹을 대표하는 잠재 변인을 도출하는 것이다. 그럼으로써 $n \times p$ 데이터세트는 $n \times m$ 데이터세트로 축소된다.

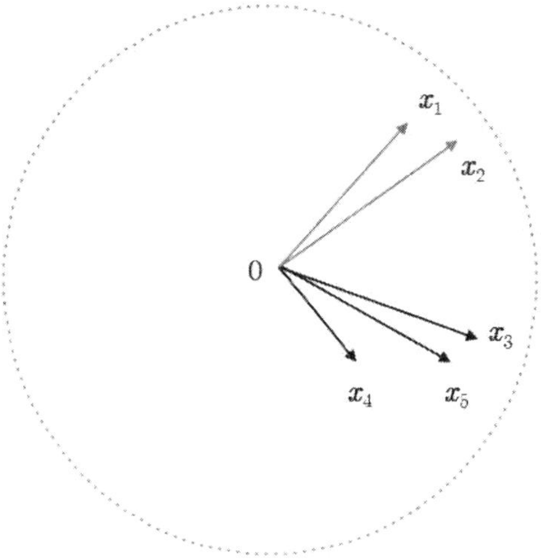

<그림 1> n차원 초구(hypersphere) 표면의 양적 변수들: 개념도

"ClustOfVar" 팩키지의 변수 군집화의 절차는 다음과 같다.

1) 변수 그룹 C_k의 대표 변인 $\boldsymbol{c}_k$는

$$\boldsymbol{c}_k = \operatorname{argmax}_{\boldsymbol{u} \in R^n} \left\{ \sum_{\boldsymbol{x}_j \in C_k} r^2_{\boldsymbol{u}.\boldsymbol{x}_j} + \sum_{\boldsymbol{z}_j \in C_k} \eta^2_{\boldsymbol{u}|\boldsymbol{z}_j} \right\} \tag{1}$$

으로부터 얻는다. 여기서 $r^2_{\boldsymbol{u}.\boldsymbol{x}_j}$은 후보 변인 $\boldsymbol{u}$와 양적 변수 $\boldsymbol{x}_j$간 제곱상관이고 $\eta^2_{\boldsymbol{u}|\boldsymbol{z}_j}$은 후보 변인 $\boldsymbol{u}$와 질적 변수 $\boldsymbol{z}_j$간 상관 비(correlation ratio)이다.[11)]

(1)의 산출을 위해 필요한 계산은 다음과 같다.

1. 양적 변수와 질적 변수의 척도화:

$$\widetilde{X_k} := (I_n - \mathbf{1}_n \mathbf{1}_n^t / n) X_k D_k^{-1/2}, \qquad \text{for quantitative part,}$$
$$\widetilde{Z_k} := (I_n - \mathbf{1}_n \mathbf{1}_n^t / n) G_k D_k^{-1/2}, \qquad \text{for qualitative part.}$$

여기서 $I_n - \mathbf{1}_n \mathbf{1}_n^t / n$은 데이터 열을 중심화 한다. D_k는 양적 변수의 경우 변수들의 표본 분산이 대각선에 놓이는 대각행렬이고 질적 변수의 경우 범주의 상대적 빈도로 구성된 대각행렬이다. G_k는 indicator 행렬이다.

11) 상관 비는 분류변수 $\boldsymbol{z}_j$에 의한 종속변수 $\boldsymbol{u}$의 1원 분산분석에서 결정계수와 같다.

2. $M_k := \frac{1}{\sqrt{n}} (\widetilde{X}_k \mid \widetilde{Z}_k)$.

3. 비정칙값 분해(singular value decomposition): $M_k = U_k \Lambda_k^{0.5} V_k^t$.

4. 출력:

   - 주성분점수(principal scores) 행렬 $\sqrt{n}\, U_k \Lambda_k^{0.5}$.
   - 그 중 첫째 열 → 잠재변인 $\boldsymbol{c}_k := \sqrt{n}\, \boldsymbol{u}_k^{(1)} \lambda_{k(1)}^{0.5}$,

     여기서 $\boldsymbol{u}_k^{(1)}$는 U_k의 첫째 열이고 $\lambda_k^{(1)}$는 Λ_k의 첫 번째 값
   - 따라서 $Var(\boldsymbol{c}_k) = \lambda_k^{(1)}$.

2) 변수 그룹 C_k의 균일도 $H(C_k)$ [정의]: $H(C_k) = \sum_{\boldsymbol{x}_j \in C_k} r^2_{\boldsymbol{c}_k, \boldsymbol{x}_j} + \sum_{\boldsymbol{z}_j \in C_k} \eta^2_{\boldsymbol{c}_k | \boldsymbol{z}_j}$.
그 값은 $\lambda_k^{(1)}$이다.

3) 변수 분할(partition) P_m의 균일도 $\underline{H}(P_m)$ [정의]: $\underline{H}(P_m) := \sum_{k=1}^{m} H(P_k)$.

4) 위계적 군집화(hierarchical clustering) 방법으로 $\underline{H}(P_m)$의 최대화를 시도한다. 위계적 군집화의 알고리즘은 다음과 같다.

Step 0: 초기화. 각 변수를 군집으로 함으로써 $p\ (= p_1 + p_2)$개 군집에서 시작.

Step l $(1 \leq l \leq p-1)$: $p - l$개 군집 만들기.

군집 C_1과 군집 C_2간 비유사도 $d(C_1, C_2)$를

$$d(C_1, C_2) := H(C_1) + H(C_1) - H(C_1 \cup C_2)$$

로 정의하고 $d(\cdot, \cdot)$가 가장 작은 두 군집 A와 B를 병합한다. 덴드로그램에서 병합군집 $C = A \cup B$의 높이(height)는 $d(A, B)$이다.

대안적 방법은 k-평균 군집화(k-means clustering)이다. 8장 참조.

이상의 변수 군집화 절차에서 현실적 이슈는 출력 군집 수 m을 정하는 일이다. 이에 대해 "ClustOfVar" 팩키지는 붓스트랩 계산으로 군집 수 m인 변수분할의 안정성을 평가한다. 즉,

1) n개 관측으로부터 B개 붓스트랩 표본을 확보하여 각 표본 데이터로 변수 군집화를 한다.
2) B개 붓스트랩 표본 군집화 각각과 총 표본 군집화 결과 간 일치도를 수정 Rand 지수로 측정한다. 여기서 Rand 지수는 p개 오브젝트(변수)에 대한 두 평가자 (갑돌이, 을순이)의 군집화 결과의 일치도를

$$\text{Rand Index} := \frac{C+D}{\binom{p}{2}},$$

로 정의하는데, 여기서 C는 갑돌이와 을순이가 같은 군집에 넣은 오브젝트 쌍의 수이고 D는 갑돌이와 을순이가 다른 군집에 넣은 오브젝트 쌍의 수이다. 수정 Rand 지수는 우연성으로 인한 Rand 지수의 과잉을 보정한 일치도 지수이다.
3) B개 수정 Rand 지수의 평균을 산출한다. 이 값이 클수록 군집화 결과가 안정적임을 의미한다.

11.2 수치 예: decathlon

ClustOfVar 팩키지에 포함된 decathlon 데이터는 10종 경기의 41명 선수에 대한 13개 변수를 담고 있다. 13개 변수 중 10개 변수는 10종의 경기 기록 (100m, Long.jump, Short.put, High.jump, 400m, 110m.hurdle, Discus, Pole.vault, Javeline, 1500m)이고 3개 변수는 순위(Rank), 포인트(Points)와 대회(Competition ="Decastar", "Olympic")이다.

```
> library("ClustOfVar")
> data(decathlon)
> str(decathlon)
'data.frame':   41 obs. of  13 variables:
 $ 100m       : num  11 10.8 11 11 11.3 ...
 $ Long.jump  : num  7.58 7.4 7.3 7.23 7.09 7.6 7.3 7.31 6.81 ...
 :
 :
```

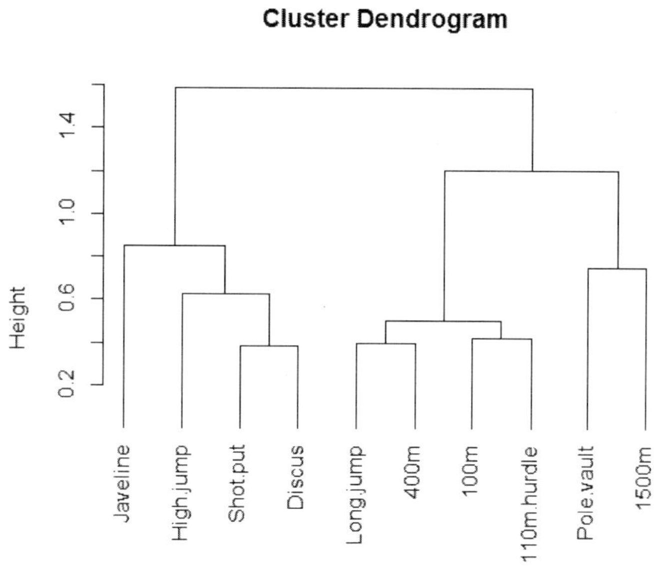

<그림 2> 변수군집 덴드로그램

hclustvar()는 위계적 변수 군집화를 위한 함수이다[12]. K-평균 군집화를 하는 함수는 **kmeansvar()**인데 이 함수는 뒤에서 다룬다.

```
> tree <- hclustvar(decathlon[,1:10])
> plot(tree)
```

plot.hclustvar() 함수로 **hclustvar()** 결과물을 플롯한 덴드로그램 <그림 2>를 살펴보면 Height=1.0에서 나무를 자르는 것이 괜찮아 보인다. 그때 얻어지는 변수군집은 3개이다: 10종 경기가 {Javeline, High.jump, Short.put, Discus}, {Long.jump, 400m, 100m, 110m.hurdle}, {Pole.vault, 1500m}로 묶여진다.

cutreevar() 함수는 덴드로그램을 자른다.[13] 3개 그룹으로 분할해보자.

12) 이 함수의 용법은 **hclustvar(X.quanti, X.quali)**이다. 여기서 **X.quanti**는 양적 변수, **X.quali**는 질적 변수.

13) 이 함수의 용법은 **cutreevar(object, k, matsim=FALSE)**이다. 여기서 **object**는 **hclustvar()**의 결과물, **k**는 군집의 수, **matsim**은 군집내 변수간 similarity를 산출.

```
> P3 <- cutreevar(tree, 3)
> cluster <- P3$cluster
> cluster
      100m   Long.jump    Shot.put   High.jump        400m
         1           1           2           2           1
    110m.hurdle  Discus  Pole.vault    Javeline       1500m
         1           2           3           2           3
```

cutreevar()의 산출물인 P3에는 군집 레이블 외에 군집을 대표하는 잠재변인(주성분 점수) scores와 이것을 구성하는 변수들의 계수 coef 등이 담긴다.

```
> P3$coef
$cluster1
                [,1]
const        46.6632187
100m         -1.9429762
Long.jump     1.6211794
400m         -0.4375023
110m.hurdle  -1.0514119

$cluster2
                [,1]
const        32.89245420
Shot.put     -0.74389765
High.jump    -5.49421615
Discus       -0.15892786
Javeline     -0.07231719

$cluster3
                [,1]
const        29.3758893
Pole.vault   -2.5751493
1500m        -0.0613275
```

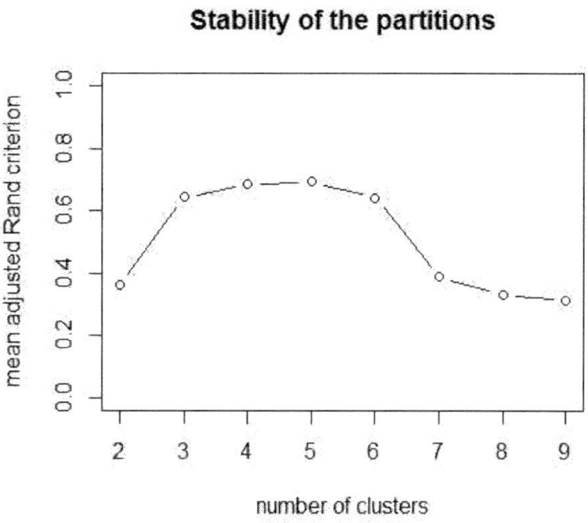

<그림 3> 군집 수에 따른 안정성 평가

`P3$coef`로 판단컨대 제1 잠재변인은 ‘단거리 달리기’ 능력이다 (멀리뛰기 long jump도 단거리 달리기 능력의 반영이다). 제2 잠재변인은 음의 던지기 능력이다 (즉, 던지기 능력이 좋을수록 제2 잠재변인은 음의 큰 값이 된다). 제3 잠재변인은 장대 높이뛰기와 장거리 달리기 능력의 조합이다.

군집 수를 정하는 보다 객관적인 방법은 붓스트랩 표본 간 일치도를 Rand 지수로 평가하는 것이다. `stability()` 함수가 이것을 한다.[14]

```
> stab <- stability(tree, B=100)
> plot(stab, main="Stability of the partitions")
```

이것의 출력인 <그림 3>을 살펴보면 군집 수 $m=3,4,5,6$에서 지수 값이 최대가 되는데,[15] 절약성의 원칙(principle of parsimony)에 따라 이 중에서 $m=3$의 선택이 좋아 보인다. 그렇다고 $m=3$이 유일한 답일 수는 없으므로 $m=4$와 같은 대안적 선택에도 관심을 둘 필요가 있다. 변수 수 p가 큰 경우엔 붓스트

14) 이 함수의 용법은 `stability(tree, B=100)`이다. 여기서 `tree`는 `hclustvar()`의 출력 오브젝트이고 `B`는 붓스트랩 반복 수이다.
15) 군집 수에 따른 평균 지수 값은 `stab$meanCR`에 있다.

랩 계산에 시간이 많이 걸리므로 이 방법을 피하는 것이 좋다.

변수 군집화의 또 하나의 방법은 K-평균 군집화이다. 미리 군집 수를 정해야 한다는 부담이 있지만 계산 효율적이므로 변수 수가 큰 데이터세트에 대하여는 고려할 만하다. **kmeansvar()** 함수를 쓰면 된다.[16)]

```
> kmeans <- kmeansvar(decathlon[1:10], init=3, nstart=10)
> kmeans$cluster
        100m   Long.jump    Shot.put  High.jump        400m
           1           1           2          2           1
110m.hurdle       Discus  Pole.vault   Javeline       1500m
           1           2           3          2           3
```

decathlon 사례에서 군집 수 m을 3으로 지정하는 경우 위계적 군집화와 결과가 같다. 군집별 잠재변인은 **kmeans$scores**에 있다. 군집별 제곱 부하값, 즉 $r^2_{u.x_j}$과 $\eta^2_{u|z_j}$는 **kmeans$var**에 있다. 이를 살펴서 군집 수의 적절성을 검토한다.

11.3 변수공간의 시각화

변수 군집화에서 도출되는 군집들은 각각 "거의" 독립적인 공간을 형성한다고 볼 수 있다.[17)] 따라서 군집별로 변수들을 시각적으로 보면 된다. 이를 위해 좋은 방법은 행렬도(biplot), 즉 주성분분석(principal component analysis) 시각화이다.

이를 사용자 정의함수 **vis.pca()**로 구현해보기로 한다.

```
vis.pca <- function(X, k, n, s, main.title, unit.labels, var.names) {
  svd.X <- svd(X)
  obs <- svd.X$u %*% diag(svd.X$d)
  var <- svd.X$v
```

16) 이 함수의 용법은 **kmeansvar(X.quanti, X.quali, init, nstart)**인데 **init**엔 군집 수를 지정하고 **nstart**엔 반복 시작 수를 지정한다. K-평균 군집화는 수치적으로 불안정하므로 이를 극복하기 위하여 여러 번 반복하여 그 중 제일 좋은 결과를 취한다.

17) "완전히" 독립적인 공간을 형성하는 것은 아니다. decathlon 사례에서 보듯 제1 군집의 잠재변인과 제2 변인의 잠재변인 간 상관계수는 -0.33이다.

```
  if (cor(obs[,1], P3$scores[,k]) < 0) {
     obs <- -obs
     var <- -var
  }
  plot(obs[,1:2], type="n", xlim=c(-5,5), ylim=c(-4,4),
      xlab="subdim 1", ylab="subdim 2", main=main.title)
  text(obs[,1], obs[,2], unit.labels, cex=0.8)
  arrows(0, 0, s*var[,1], s*var[,2],
      length=0.1, cex=0.8, col="blue")
  text((s+1)*var[,1], (s+1)*var[,2], var.names, col="blue")
  segments(0, 0, s, 0, col="red", lty="dotted", lwd=1.2)
}
```

이 함수에서 인수들은 다음과 같다.

X = 시각화 대상 데이터세트 (즉, 개별 변수군집 데이터),
k = 군집 번호
n = 개체 수
s = 변수 화살표의 길이 (표준편차 단위), 3으로 놓는 것이 보기 좋다.
main.title = 그래프 제목, "Variable Cluster #"로 놓는 것이 좋다.
unit.labels = 개체 레이블, 1:n으로 놓는 것이 좋다.
var.names = 군집 내 변수 이름.

다음은 decathlon 사례에 적용하는 보기이다. 우선 공통적으로

```
> X.0 <- scale(decathlon[,1:10])
> unit.labels <- 1:n
> s <- 3
```

으로 놓는다. 군집 1의 변수 시각화를 위해서 다음을 실행한다.

```
> X.1 <- X.0[,cluster==1]
> main.title <- "Variable Cluster 1"
> k <- 1
> var.names <- colnames(decathlon[,1:10])[cluster==1]
> vis.pca(X.1, n, s, main.title, unit.labels, var.names)
```

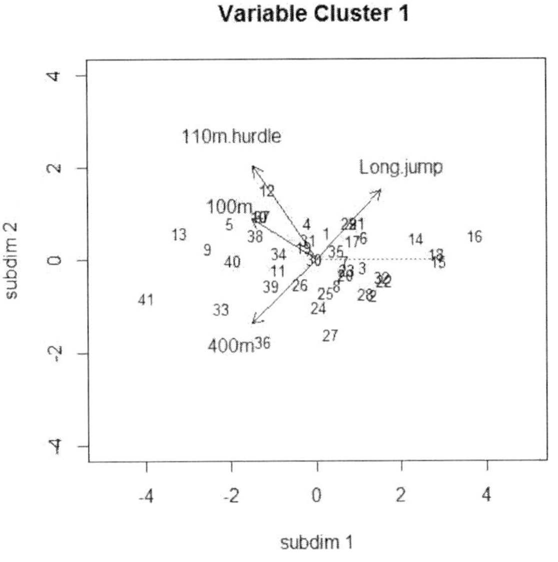

<그림 4> decathlon 데이터의 제1 변수군집

출력 그래프 <그림 4>에서 수평축의 빨간 점선이 변수군집 1을 대표하는 잠재변인이다. 즉, Long.jump가 플러스로 부하되고 반면 100m, 110m.hurdle, 400m는 마이너스로 부하된다. 이는 Long.jump는 클수록, 후자 3개 변수가 ‘속도’이므로 작을수록 좋은 능력을 나타내기 때문이다.[18] 군집 1의 대표 잠재변인에서 두각을 나타낸 선수는 개체 16이고 가장 처진 선수는 개체 41이다.

<그림 5>는 변수군집 2의 시각화이다. 대표 잠재변인이 군집 내 4개 변수와 마이너스로 부하되어 있으므로 이 변수군집에서 뛰어난 선수들은 수평축의 왼쪽 끝에 위치한다. 즉, 14번, 15번, 16번 선수가 가장 뛰어나다.

<그림 6>은 변수군집 3의 시각화이다. 1500m는 작을수록, Pole.vault는 클수록 우수한 능력이므로 대표 잠재변인은 1500m 능력 대 Pole.vault 능력의 대비(contrast)로 해석된다. 즉, 제1 축 중앙에 가까이 위치할수록 두 종목이 균형된 선수들이다.

18) 100m, 110m.hurdle, 400m의 부호를 바꾸면 이들 변수들의 화살표가 뒤집힌다.

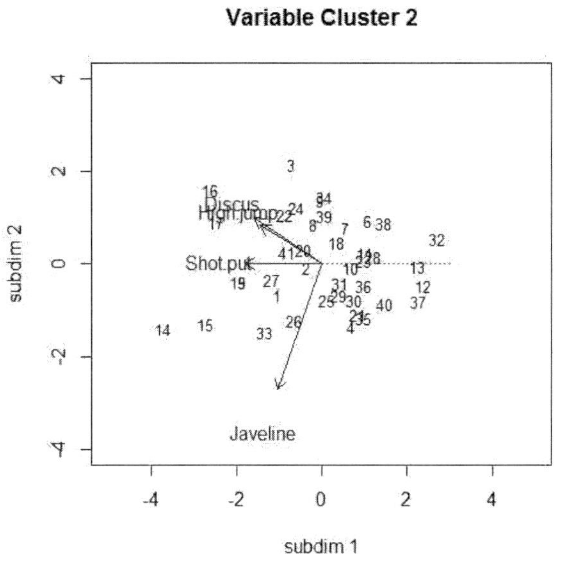

<그림 5> decathlon 데이터의 제2 변수군집

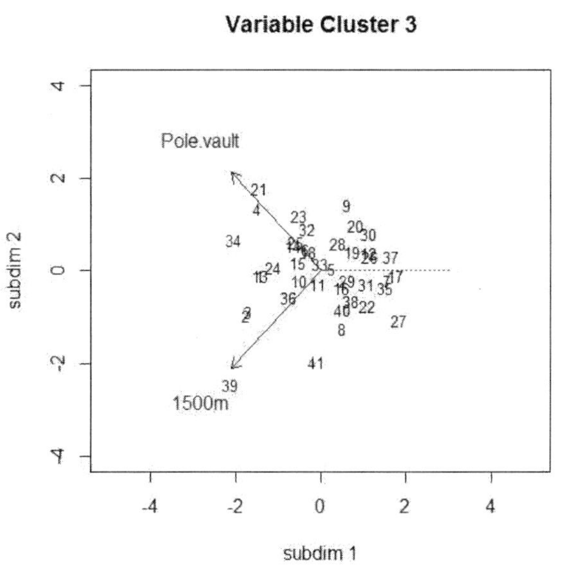

<그림 6> decathlon 데이터의 제3 변수군집

11.4 수치 예: wine

ClustOfVar 패키지에 포함된 **wine** 데이터세트는 21개 포도주, 즉 와인의 31개 변수로 구성되어 있다. 첫 번째 변수는 와인 레이블 Label, 두 번째 변수는 토양 유형 Soil이며 3번째 변수부터 31번째 변수가 미각 특성(sensory descriptor)이다. 2절의 decathlon 사례와 달리 이 사례는 양적 변수와 질적 변수가 섞여있다. 이 중 Soil을 분석에 포함시켜보기로 한다. 다음과 같이 R 스크립트를 작성한다.

```
> library("ClustOfVar")
> data(wine)
> str(wine)
> Soil <- data.frame(Soil=wine[, 2])
> tree <- hclustvar(X.quanti=scale(wine[, 3:31]), X.quali=Soil)
> plot(tree)
```

<그림 7>이 31개 변수에 대한 덴드로그램이다. 어느 높이에서 나무를 절단하느냐에 따라 군집 수가 달라지는데, Height=1.2에서 끊으면 4개 군집이 만들어지고 Height=0.9에서 끊으면 5개 군집이 만들어진다.

붓스트랩 방법으로 최적 군집 수를 정해보자. 이를 위하여

```
> stab <- stability(tree, B=100)
```

을 실행한다. <그림 8>이 한참 시간이 걸려 얻은 결과이다. 군집 수가 7에서 더 나은 것으로 보이지만, 이후 분석은 그냥 군집 수 4로 하기로 한다. 간결성의 원칙을 우선시하자는 것이다.

변수군집 1에 속한 변수들을 보자.

```
> P4 <- cutreevar(tree, 4)
> P4$var$cluster1
                                  squared loading
Odor.Intensity.before.shaking     0.7617528
Spice.before.shaking              0.6160243
Odor.Intensity                    0.6663325
Spice                             0.5357837
```

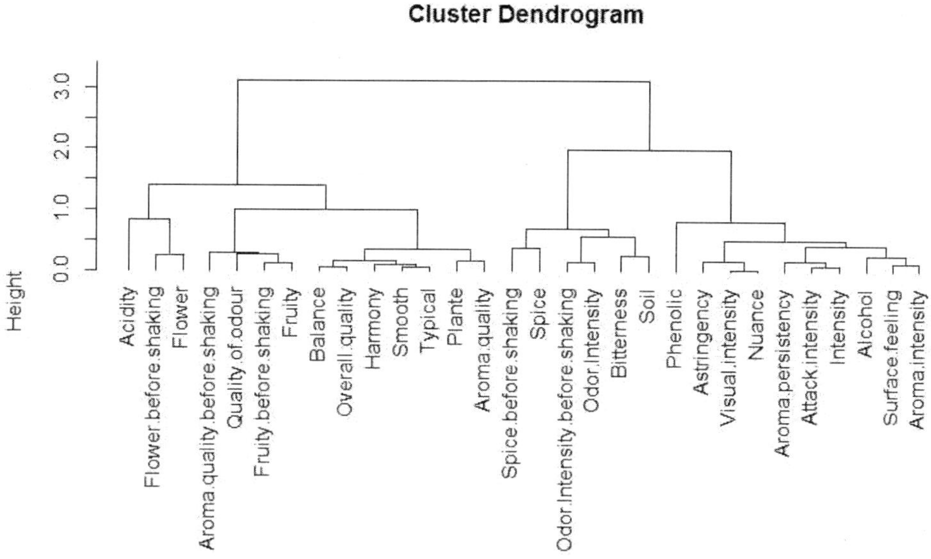

<그림 7> wine 데이터 31개 변수에 대한 덴드로그램

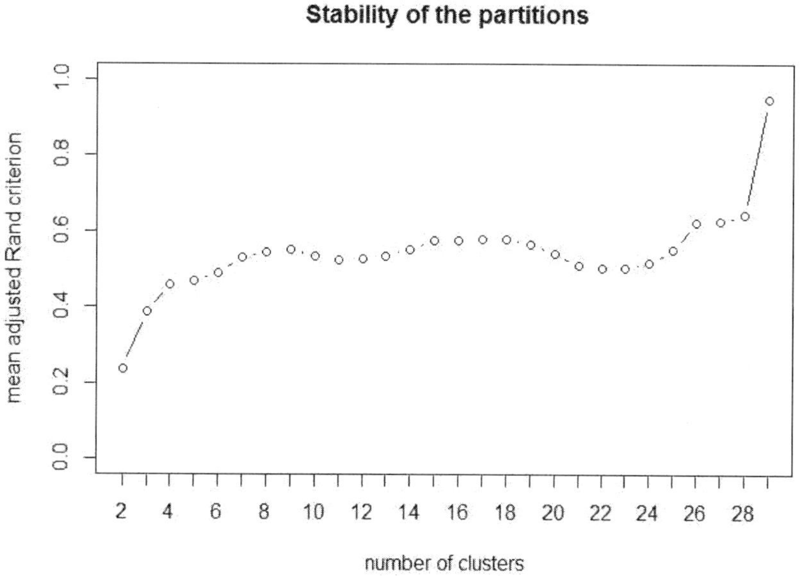

<그림 8> wine 데이터 변수 군집화의 안정성 평가

```
Bitterness                          0.6620632
Soil                                0.7768805
```

여기에 질적 변수인 Soil이 포함되어 있는 것을 볼 수 있다. 변수군집 1에서 소속 변수들이 잠재변인의 결정에 어떻게 기여하는지를 보자.

```
> P4$coef$cluster1
                                          [,1]
const                              -23.75846165
Odor.Intensity.before.shaking        1.54125316
Spice.before.shaking                 1.67395675
Odor.Intensity                       2.08112702
Spice                                1.81323265
Bitterness                           2.23124929
Env1                                -0.27886745
Env2                                -0.09135913
Env4                                 1.31647822
Reference                           -0.03201266
```

계수는 양적 변수의 경우에는 직접 붙지만 질적 변수의 경우엔 0/1 더미코드에 붙는다. 질적 변수인 Soil의 4개 범주 "Reference", "Env1", "Env2", "Env4"의 계수를 살펴보면, "Env4"와 나머지 3개 범주가 대비(contrast)를 이룬다. 따라서 질적 변수 Soil을 "Env4"인 경우 1, 그 외의 경우 0으로 재코딩하여 이항화하는 방안을 추후 분석에서 고려할 수 있겠다.

이런 식으로 군집 2의 잠재변인에서 소속변수들의 계수를 살펴보면

```
> P4$coef$cluster2
const                          -28.2479542
Aroma.quality.before.shaking     1.3340725
Fruity.before.shaking            1.2668318
Quality.of.odour                 1.4079487
Fruity                           1.3452361
Plante                          -1.7056136
Aroma.quality                    1.0387580
```

```
Balance                        1.0059558
Smooth                         0.8048139
Harmony                        0.7300159
Overall.quality                0.7506059
Typical                        0.7595766
```

이다. 군집 2에서 다른 변수들의 계수와는 달리 유독 Plante 변수의 계수가 음의 부호를 갖는다. 이렇듯 “ClustOfVar”의 군집 내 변수들이 반드시 동질적이지 않을 수 있다. 이에 반해, 다음 절에서 다루려는 ClustVarLV 팩키지는 옵션으로 동질적인 변수들이 하나의 군집을 형성하도록 할 수 있다.

군집 3의 잠재변인에서 소속변수들의 계수를 살펴보면

```
> P4$coef$cluster3
const                         14.958607
Flower.before.shaking         -4.647976
Flower                        -4.382206
Acidity                        1.709328
```

이다. 군집 3에서도 Acidity 변수는 다른 두 변수는 반대 방향으로 간다.

군집 4의 잠재변인에서 소속변수들의 계수를 살펴보면

```
> P4$coef$cluster4
const                         34.4982506
Visual.intensity              -0.6316344
Nuance                        -0.6570062
Surface.feeling               -1.2634204
Phenolic                      -1.1545293
Aroma.intensity               -1.2773235
Aroma.persistency             -1.4169333
Attack.intensity              -1.0519881
Astringency                   -1.6921538
Alcohol                       -1.8421910
Intensity                     -0.9293905
```

로 모두 일치하는 부호를 갖는다. 이 군집 내 모든 변수들은 동질적이다.

4개 변수그룹을 대표하는 잠재변인 간 상관계수는

```
> round(cor(P4$scores), 2)
         cluster1 cluster2 cluster3 cluster4
cluster1     1.00    -0.04     0.28    -0.55
cluster2    -0.04     1.00    -0.47    -0.76
cluster3     0.28    -0.47     1.00     0.27
cluster4    -0.55    -0.76     0.27     1.00
```

이다. 군집 1과 군집 4 간, 군집 2와 군집 3 간, 군집 2와 군집 4 간 상관이 꽤 크고 마이너스인데, 잠재변인에서 계수의 부호를 바꿈에 따라 상관계수의 부호가 바뀌므로 본질적인 것은 아니다. 군집 3과 군집 4의 부호를 바꾸면 이들이 모두 플러스가 될 것이다.

앞에서 보았듯이 VarOfClust 팩키지에서는 질적 변수를 1개 차원으로 다룬다. 그러나 d개 범주의 질적 변수는 자유도 $d-1$의 차원을 갖는 것으로 보는 것이 원칙이다. 이에 반해, 다음 절에서 다루려는 ClustVarLV 팩키지는 d개 범주의 질적 변수는 자유도 $d-1$의 차원을 갖는 것으로 본다.

변수 군집화에서 중요한 것이 하나가 남았다. 인자분석(factor analysis)에서도 그렇듯이 변수 군집화에서도 잠재변인에 개념적으로 딱 맞고 잘 통하는 “이름 붙이기(naming)”의 중요성은 아무리 강조하여도 지나치지 않다.[19)]

11.5 ClustVarLV 방법론

변수 군집화를 위한 또 하나의 팩키지인 `ClustVarLV`는 두 가지에서 이제까지 다룬 `ClustOfVar`와 다르다. 하나는 같은 방향의 변수들로만 군집을 형성하는 소위 지역화(localization)이고 다른 하나는 질적 변수에 온전한 자유도(full degree of freedom)를 준다는 점이다. 빠른 계산도 이점(利點)이다.

`ClustVarLV`의 변수 군집화 기준은 다음과 같다. 양적 변수 $\boldsymbol{x}_1, \cdots, \boldsymbol{x}_p$의 경우

19) 작명은 분야 전문가가 주도하는 것이 맞다. 그러나 분야 전문가가 주저하는 경우에는 데이터분석자가 나설 수밖에 없다.

1) Maximize $T := \sum_{k=1}^{m}\sum_{j=1}^{p} \delta_{kj}\,\mathrm{cov}^2(\boldsymbol{x}_j, \boldsymbol{u}_k)$, with $\mathrm{var}^2(\boldsymbol{u}_k) = 1$.

2) Maximize $S := \sum_{k=1}^{m}\sum_{j=1}^{p} \delta_{kj}\,\mathrm{cov}(\boldsymbol{x}_j, \boldsymbol{u}_k)$, with $\mathrm{var}^2(\boldsymbol{u}_k) = 1$.

여기서 $\boldsymbol{u}_1, \cdots, \boldsymbol{u}_m$이 m개의 변수군집을 대표하는 잠재변인이다. 그리고 δ_{kj}는 군집 k에 변수 $\boldsymbol{x}_j$가 속하면 1, 그렇지 않으면 0인 indicator이다.

따라서 표준화된 $\boldsymbol{x}_1, \cdots, \boldsymbol{x}_p$의 경우 `ClustVarLV`의 기준 1은 `ClustOfVar` 기준과 같다. `ClustVarLV`의 기준 2은 $\boldsymbol{x}_j$가 군집 k에 속하기 위해선 $\boldsymbol{u}_k$와 방향이 같아야 함을 요구하므로 각 군집엔 같은 방향의 변수들이 모인다 (지역화).

`ClustVarLV`는 질적인 분석변수를 사전에 범주 수만큼의 0/1 indicator로 코딩 처리한다.

`ClustVarLV` 패키지의 주함수인 `CLV()`의 간단한 용법은 다음과 같다.

```
CLV(X, method, sX = TRUE),
```

여기서 X는 분석 데이터프레임이고 method는 기준 번호이다 (따라서 method=2가 지역화). `sX = TRUE`는 분석변수들이 표준화 처리됨을 의미하고 `FALSE`는 변수의 원척도로 처리됨을 지시한다. 이 함수는 위계적 군집화를 실행한다.

또 하나의 함수인 `CLV_kmeans()`는 K-평균 군집화 방법으로 변수들을 그룹화 한다. 간단한 용법은 다음과 같다.

```
CLV(X, method, sX = TRUE, clust),
```

여기서 clust는 군집 수이다.

사례: AUPA_psycho

이 데이터세트는 ClustVarLV 패키지에 포함되어 있는데 노인 559명의 식사 및 영양에 관한 31개 변수로 구성되어 있다. 측정변수들은 E-영역 6개 항목, X-영역 5개 항목, R-영역 5개 항목, P-영역 5개 항목, S-영역 10개 항목이다. 자세한 설명은 help(AUPA_psycho)에서 얻을 수 있다.

```
> library(ClustVarLV)
```

```
> data(AUPA_psycho)
> str(AUPA_psycho)
> res.clv <- CLV(AUPA_psycho, method="local", sX=T)
```

여기서 `method="local"`은 `method="2"`와 같다. 군집 수 선택을 위하여

```
> plot(res.clv, type="delta", cex=0.7)
```

를 하면 군집 수가 $m-1$에서 m으로 바뀜에 따른 목적 식 T 또는 S의 증분(delta)이 플롯 된다.[20] 따라서 delta가 급히 증가할 때의 m이 좋은 선택이다. <그림 9>가 이 사례에서 델타 플롯이다. m이 5에서 6으로 바뀔 때 크게 증가하므로 $m=6$을 군집 수 선택으로 하자.

```
> plot(res.clv, type="dendrogram")
> summary(res.clv, K=6)
```

로 덴드로그램과 요약 리포트를 얻는다. 군집 수를 6으로 하면 변수들이 신기하게도 E-영역, X-영역, R-영역, P-영역, S-영역으로 묶여진다. <그림 10> 참조.

사례: wine

다음은 4절에서 ClustOfVar 방법으로 분석된 바 있는 wine 데이터의 30개 변수를 ClustVarLV (method=1)로 군집화하는 R 스크립트이다. `stand_quali()`는 질적 변수를 더미코딩하고 척도화하는 함수이다.

```
> library("ClustVarLV")
> data(wine, package="ClustOfVar")
> X.quanti <- wine[,3:31]
> X.quali <- data.frame(Soil=wine[,2])
> X <- cbind(scale(X.quanti), stand_quali(X.quali))
> res.clv <- CLV(X, method=1, sX=T)
> plot(res.clv, type="delta", cex=0.7)
> plot(res.clv, type="dendrogram")
> summary(res.clv, K=4)
```

20) 표기는 상당히 혼란스럽게도 "$m \to m-1$"로 되어 있다.

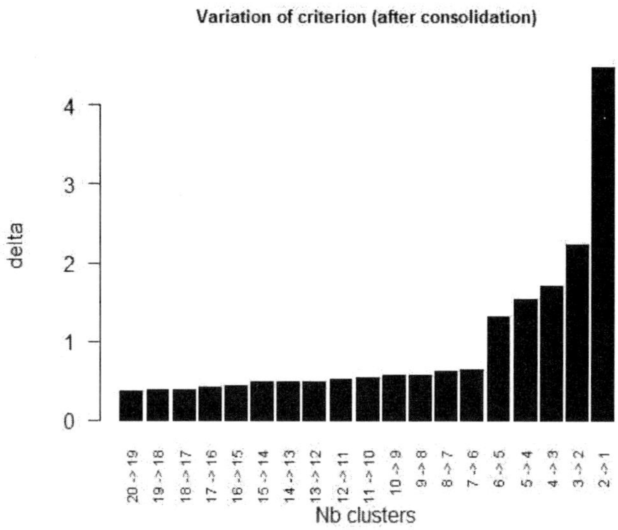

<그림 9> AUPA_psycho 데이터의 변수 군집화에서의 델타 플롯

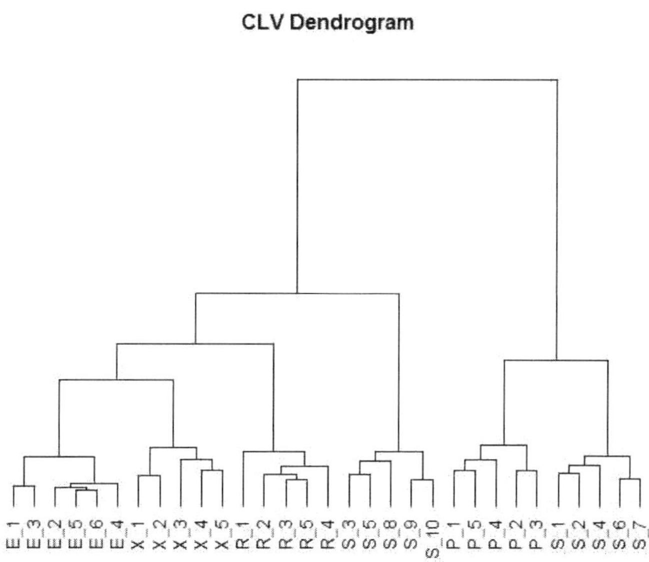

<그림 10> AUPA_psycho 데이터의 변수 군집화 덴드로그램

참고문헌

Chavent, M., Kuentz-Simonet, V., Liquet, B., and Saracco, J. (2012). "ClustOfVar: An R Package for the Clustering of Variables", *Journal of Statistical Software*, Vol. 50(13), 1-16.

Vigneau, E., Chen, M. and Qannari, E.M. (2015). "ClustVarLV: An R Package for the Clustering of Variables Around Latent Variables", *The R Journal*, Vol. 7(2), 134-148.

R 스크립트

```
decathlon ClusOfVar.R

wine ClusOfVar.R

AUPA ClustVarLV.R

wine ClustVarLV.R
```

12장. 가우스 혼합모형 "mclust"

일변량 및 다변량 관측에 대하여 흔히 가우스 분포를 상정하는데 그 이유는 가우스 분포(정규분포)가 옳기 때문이라기보다는 이 분포가 시작점으로 괜찮기 때문이다. 많은 실제 사례들에서 단일 가우스 분포가 지나치게 단순하므로 그런 경우에는 2개 이상의 분포가 섞인 혼합모형(mixture model)을 적용할 필요가 있다. 이 장에서는 가우스 혼합모형의 적합과 선택기준을 설명하고 R 팩키지 "mclust"를 활용한 군집화 및 분류에의 응용을 다룬다.

12.1 가우스 혼합모형의 적합과 선택기준

n개 p변량 관측 데이터 $\boldsymbol{x}_1, \cdots, \boldsymbol{x}_n$의 원천인 p-변량 밀도함수를 $f(\boldsymbol{x};\Psi)$로 표기하자. $f(\boldsymbol{x};\Psi)$가 G개 정규분포 $N(\boldsymbol{\mu}_k, \Sigma_k)$의 가중 합(weighted sum)으로 표현되는 경우 그것을 가우스 혼합모형(Gaussian mixture model)이라고 한다. 즉,

$$f(\boldsymbol{x};\Psi) = \sum_{k=1}^{G} \pi_k \, \phi(\boldsymbol{x};\boldsymbol{\mu}_k, \Sigma_k), \ \pi_1 > 0, \cdots, \pi_G > 0; \ \sum_{k=1}^{G} \pi_k = 1,$$

여기서 $\boldsymbol{\mu}_k$는 평균벡터, Σ_k는 공분산행렬$(k=1, \cdots, G)$, $\pi_1 > 0, \cdots, \pi_G > 0$는 혼합비율이다 $(\sum_{k=1}^{G} \pi_k = 1)$. 그리고 $\Psi = (\pi_1, \cdots, \pi_G; \boldsymbol{\mu}_1, \cdots, \boldsymbol{\mu}_k; \Sigma_1, \cdots, \Sigma_G)$.

이런 관측 $\boldsymbol{x}$의 생성 과정은

1) Z가 범주 1, $\cdots$, G 중 하나를 $(\pi_1, \cdots, \pi_G)$의 확률로 취하고

2) $Z=k$인 경우 $\boldsymbol{x}$가 $N(\boldsymbol{\mu}_k, \Sigma_k)$에서 나온다. 단, Z는 관측되지 않는다

고 본다. 가우스 혼합모형의 적합은 많은 수의 파라미터로 인해 계산적으로 쉽지 않은데, EM 알고리즘이 표준적 방법이다. 이 알고리즘은

E-단계: $\boldsymbol{x}_1, \cdots, \boldsymbol{x}_n$의 각각에 대하여 멤버십 $Z_1, \cdots, Z_n (=0,1)$의 기댓값, 즉, $\pi_{ik} = E\{Z_i = k \mid \boldsymbol{x}_i\}$를 산출한다 $(\sum_{k=1}^{G} \pi_{ik} = 1$, 각 i에서$)$:

$$\pi_{ik} = \frac{\pi_k \phi(\boldsymbol{x}_i; \boldsymbol{\mu}_k, \Sigma_k)}{\sum_{k=1}^{G} \pi_k \phi(\boldsymbol{x}_i; \boldsymbol{\mu}_k, \Sigma_k)}, \quad k = 1, \cdots, G.$$

M-단계: $\boldsymbol{\mu}_k$와 Σ_k를 추정한다 $(k = 1, \cdots, G)$:

$$\hat{\boldsymbol{\mu}}_k = \sum_{i=1}^{n} \pi_{ik} \boldsymbol{x}_i / \sum_{i=1}^{n} \pi_{ik}, \quad \hat{\Sigma}_k = \sum_{i=1}^{n} \pi_{ik} (\boldsymbol{x}_i - \hat{\boldsymbol{\mu}}_k)(\boldsymbol{x}_i - \hat{\boldsymbol{\mu}}_k)^t / \sum_{i=1}^{n} \pi_{ik},$$

반복: 모형 적합이 안정될 때까지 $\pi_k = \sum_{i=1}^{n} \pi_{ik}$로 놓고 E-단계로 돌아간다.

가우스 혼합모형의 적합 시 성분(component) 수 G는 사전에 제시되어야 한다. 실제로는 이것이 어려우므로, G를 1, 2, 3, $\cdots$, M으로 놓고 각 G의 값에서 모형을 적합하여 그 중에서 관측데이터와 잘 부합하는 모형을 선택한다. 선택기준은 Bayesian information criterion, 즉 max BIC이다:

$$BIC = 2 \log_e (\max likelihood) - \log_e n \cdot \#\{\text{parameters}\},$$

여기서 $\#\{\text{parameters}\}$는 모형 적합에 쓰인 파라미터의 수, 즉 파라미터 공간의 차원이다. 파라미터 공간이 커질수록 BIC의 앞 부분인 $2 \log_e (\max likelihood)$가 증가하나 BIC의 뒷 부분인 $-\log_e n \cdot \#\{\text{parameters}\}$가 감소하므로, BIC는 어떤 $\#\{\text{parameters}\}$에서 최대값을 취하는 것이 일반적이다.

12.2 모형기반 군집화

가우스 혼합모형의 1차적 응용은 군집화이다. n개 p변량 관측 $\boldsymbol{x}_1, \cdots, \boldsymbol{x}_n$에 G개 성분의 혼합모형을 적합한 결과로, G개 군집이 식별되고 관측 i를 군집

$$k_i^* := \mathrm{argmax}_{k=1,\cdots,G}\, \pi_{ik}$$

에 배속시킬 수 있기 때문이다.

k-평균 군집화(k-means clustering)도 이런 것이 되지만 (8장 참조), k-평균 군집화에서는 군집 수 선택의 객관화가 어렵고 군집 내 공분산행렬 구조를 유연하게 둘 수 없다. 이런 관점에서 가우스 혼합모형에 의한 군집화는 k-평균 군집화에 비해 개선된 방법이다. 물론 계산시간이라는 비용이 따른다.

공분산 행렬 Σ_k ($k=1, \cdots, G$)의 형태에 대하여 mclust는 <표 1>의 옵션을 제공한다. <그림 1>은 이것의 illustration이다.[21)]

mclust 모형은 다음과 같이 분포, 부피, 형태, 방향의 조합으로 표기된다.

- 분포(distribution): 공 모양(spherical), 럭비 공(diagonal), 타원체(ellipsoidal)
- 부피(volume): 같음(equal), 다름(variable)
- 형태(shape): 같음(equal), 다름(variable)
- 축 방향(orientation): 좌표축(coordinate axis), 같음(equal), 다름(variable).

공분산 행렬 Σ_k에 대한 스펙트럼 분해(spectral decomposition; 고유분해)의 일반적 수식 표현은 다음과 같다.

$$\Sigma_k = \lambda_k D_k A_k D_k^t ,$$

여기서 A_k는 $\det(A_k) = 1$인 대각행렬, D_k는 고유벡터 행렬이고 Σ_k의 고유값은 λ_k와 A_k의 대각 셀 값의 곱이다.[22)] <표 1>과 <그림 1>의 mclust 모형들은 최대한 절약적으로 표기되었다.

mclust 패키지는 각 G에 대하여 <표 1>의 14개 모형을 적합하여 BIC 기준에 따른 추천을 한다.

예 1. geyser

geyser{MASS} 데이터는 2개 변수(waiting, duration)의 299개 관측으로 구성되어 있다. <그림 2>의 산점도에서 몇 개 덩어리(군집)의 혼합을 볼 수 있다.

```
> library(mclust)
> data(geyser, package="MASS")
> str(geyser)
> X <- geyser
> windows(height=5, width=4.5)
> plot(X, main="Geyser")
```

---

21) <표 1>과 <그림 1>의 출처: R Journal Vol. 8/1, pp. 289-317.

22) 따라서 $\det(\Sigma_k) = \lambda_k^p$이다. 행렬식(determinant)는 대상행렬의 p차원 부피이다.

모형	Σ_k	분포	부피	형태	방향
EII	λI	spherical	equal	equal	--
VII	$\lambda_k I$	spherical	variable	equal	--
EEI	λA	diagonal	equal	equal	coord axes
VEI	$\lambda_k A$	diagonal	variable	equal	coord axes
EVI	λA_k	diagonal	equal	variable	coord axes
VVI	$\lambda_k A_k$	diagonal	variable	variable	coord axes
EEE	λDAD^t	ellipsoidal	equal	equal	equal
EVE	$\lambda DA_k D^t$	ellipsoidal	equal	variable	equal
VEE	$\lambda_k DAD^t$	ellipsoidal	variable	equal	equal
VVE	$\lambda_k DA_k D^t$	ellipsoidal	variable	variable	equal
EEV	$\lambda D_k A D_k^t$	ellipsoidal	equal	equal	variable
VEV	$\lambda_k D_k A D_k^t$	ellipsoidal	variable	equal	variable
EVV	$\lambda D_k A_k D_k^t$	ellipsoidal	equal	variable	variable
VVV	$\lambda_k D_k A_k D_k^t$	ellipsoidal	variable	variable	variable

<표 1> mclust 모형 별 공분산 행렬 Σ_k $(k=1, \cdots, G)$의 형태

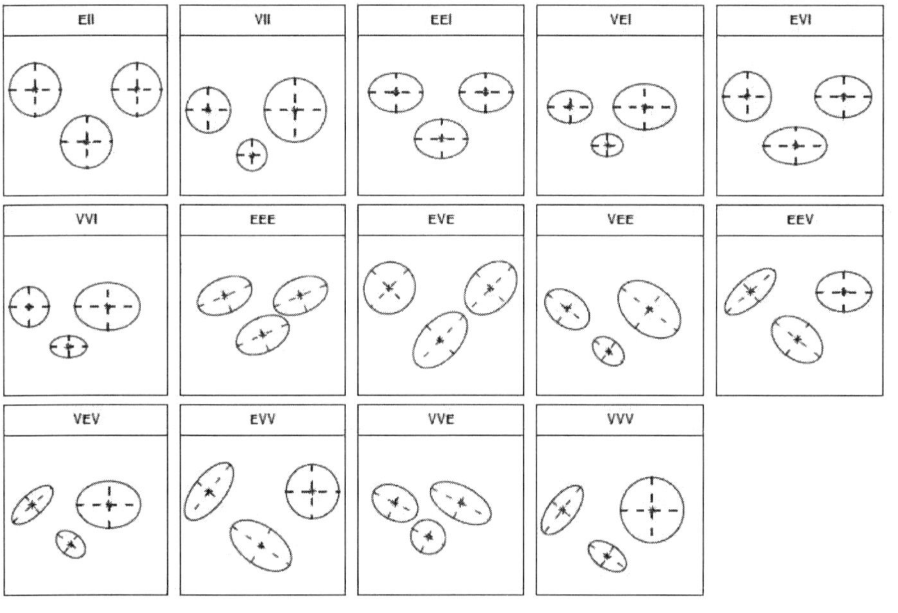

<그림 1> mclust 모형 별 공분산 행렬 Σ_k $(k=1, \cdots, G)$의 시각적 표현

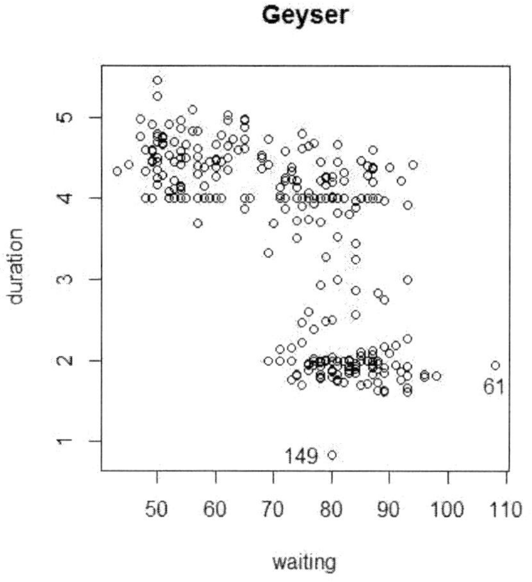

<그림 2> geyser의 산점도

geyser 데이터에 Mclust() 함수를 적용하고 ($G=1,2,3,4$),[23] 산출된 군집화 결과중 BIC 기준 상위 3개 모형을 보자.

```
> cluster <- Mclust(X, G=1:4)
> summary(cluster$BIC)
Best BIC values:
             VVI,4        VVE,4        VVV,4
BIC      -2768.548 -2771.952690 -2786.69691
BIC diff     0.000    -3.405101   -18.14932
```

VVI 형의 4개 군집 모형이 가장 좋은 BIC를 갖는다.[24] 이 모형의 형태에 대하여는 <그림 1>의 (2, 1) 셀을 참조하라. 이 모형에 대하여 더 알아보자.

---

23) **Mclust()** 함수의 기본 용법은 **Mclust(data, G)**이다. 여기서 **data**는 데이터프레임(또는 벡터와 행렬)이고 **G**는 군집 수이다.

24) 모형 1의 BIC와 모형 2의 BIC 간 차이 Δ는 두 모형에 대한 Bayes factor $e^{\Delta/2}$로 해석될 수 있다. 예컨대 이 수치 예에서 $\Delta=-3.4$이므로 VVI(4) 모형에 비해 VVE(4) 모형은 $e^{-3.4}$ 즉 0.18배 "probable" 하다. 참고문헌: Kass and Raftery (1995) Bayes Factors. Journal of the American Statistical Association 90, 773-795.

```
> summary(cluster, parameters=T)
-----
Gaussian finite mixture model fitted by EM algorithm
Mclust VVI (diagonal, varying volume and shape) model with 4 components:
 log.likelihood   n df       BIC       ICL
       -1330.12 299 19 -2768.548 -2797.933
Clustering table:
 1  2  3  4
17 90 94 98
Mixing probabilities:
         1          2          3          4
0.08008944 0.29146580 0.29537078 0.33307398
Means:
              [,1]      [,2]      [,3]      [,4]
waiting  81.546080 78.202178 83.505795 55.017715
duration  2.633533  4.127087  1.918844  4.444119
Variances:
[,,1]
          waiting  duration
waiting  33.60692 0.0000000
duration  0.00000 0.4724731
[,,2]
         waiting  duration
waiting  41.7175 0.0000000
duration  0.0000 0.0704707
[,,3]
          waiting  duration
waiting  45.43469 0.0000000
duration  0.00000 0.0171534
[,,4]
          waiting  duration
waiting  31.38515 0.0000000
duration  0.00000 0.1239641
```

π_k의 추정값

μ_k의 추정값

Σ_k의 추정값: VVI 모형이므로 모두 대각행렬이다.

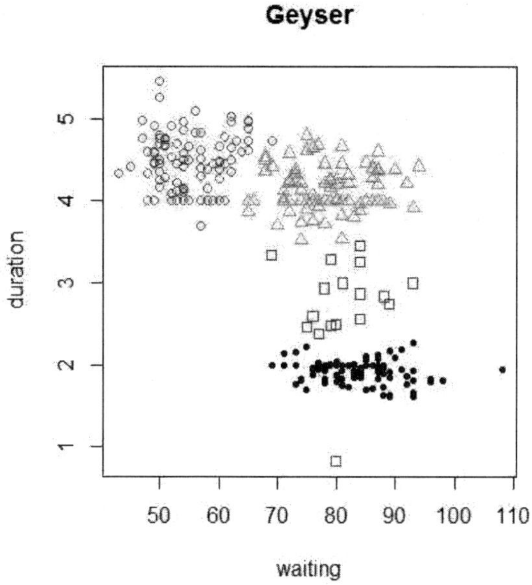

<그림 3> geyser에 대한 4개 군집의 VVI 모형

<그림 3>이 geyser 데이터에 대한 4개 군집 VVI 모형의 시각화이다.

```
> windows(height=5, width=4.5)
> code <- cluster$classification
> plot(X, main="Geyser", col=c("red","green","blue","magenta")[code],
+      pch=c(0,2,20,21)[code])
```

<그림 3>에서 '빨간색 네모'가 군집 1인데[25] 군집 별로 색칠되기 전의 산점도인 <그림 2>에서는 이 군집을 인지하기 쉽지 않았을 것이다.[26]

---

25) 앞 페이지 출력에서 군집 1의 평균벡터와 공분산행렬이 다음과 같음을 알 수 있다.

$$\mu_1 = \begin{pmatrix} 81.546080 \\ 2.633533 \end{pmatrix},\ \Sigma_1 = \begin{pmatrix} 33.60692 & 0.0000000 \\ 0.00000 & 0.4724731 \end{pmatrix}.$$

26) 군집 1의 한 점이 떨어져있다. 다음 R 스크립트가 그 관측을 식별하여 준다.

```
> identify(X)
```

그래프 창에 + 커서가 나타나면 마우스로 커서를 점으로 이동시켜 클릭하면 관측번호 149가 그래프에 찍힌다.

12.3 군집화 결과의 시각화

군집화 결과를 차원축소(dimensional reduction) 기법으로 시각화함으로써 데이터에 대한 이해를 제고할 수 있다. 이 기법은 군집 중심 간 차이를 최대화하는 저차원 공간을 찾는 알고리즘에 기반 하는데 그 과정에서 군집들의 공분산 행렬이 고려된다 (Scrucca, 2010).

gclus 팩키지의 wine 데이터로 mclust 방법을 데모하기로 한다. wine은 178종의 포도주에 대한 13종의 물리적/화학적 특성과 실제 클래스로 구성되어 있다.

```
> library(mclust)
> data(wine, package="gclus")
> X <- wine[,-1]
> cluster <- Mclust(X)
> summary(cluster$BIC)
Best BIC values:
             VVE,3       EVE,4       VVE,4
BIC      -6849.391 -6873.61648 -6885.47222
BIC diff     0.000   -24.22499   -36.08073
> summary(cluster)
Gaussian finite mixture model fitted by EM algorithm
-----
Mclust VVE (ellipsoidal, equal orientation) model with 3 components:
 log.likelihood   n  df       BIC       ICL
      -3015.335 178 158 -6849.391 -6850.734
Clustering table:
 1  2  3
59 69 50
```

BIC 기준에 의한 선택된 군집화 모형은 3개 군집 VVE 혼합모형이다. 이 모형은 타원형의 다른 부피, 다른 형태(shape), 같은 축 방향 타원체들의 혼합이다.[27]

다음은 wine의 관측 Class와 출력 군집과의 교차표이다.[28]

27) <표 1>과 <그림 1>을 참조할 것.

```
> table(wine$Class, cluster$classification)
    1  2  3
  1 59  0  0
  2  0 69  2
  3  0  0 48
```

클래스 1과 군집 1, 클래스 2와 군집 2, 클래스 3과 군집 3이 대응하고 있다. 군소 셀의 총 빈도는 2이고, 수정 Rand 지수(adjusted Rand index)는 0.97로 상당히 높은 편이다.[29] [30]

```
> adjustedRandIndex(wine$Class, cluster$classification)
[1] 0.9667411
```

다변량 공간을 차원축소하여 출력 군집 간 구분이 잘 되도록 나타내보자.[31] [32]

```
> dr.cluster <- MclustDR(cluster, lambda=1)
> plot(dr.cluster, what="contour")
> miscl <- classError(cluster$classification, wine$Class)$misclassified
> points(dr.cluster$dir[miscl,], pch=1, cex=2)
> title("wine data by clusters")
```

<그림 4>가 출력 그래프이다.[33] 관측 Class와 출력 군집 간 불일치 관측은 "o" 테두리로 마킹되어 있다. 파랑 군집(=군집 1)에 4개, 빨강 군집(=군집 2)에 3개의 불일치 관측개체가 있다.

---

28) 가우스 혼합모형 군집화가 관측 Class 없이 산출되었음을 상기할 필요가 있다.

29) Rand 지수와 수정 Rand 지수는 두 평가규칙 간 일치도를 나타낸다. 이에 대한 설명은 11장 "변수 군집화"를 참조하라.

30) `adjustedRandIndex()` 함수의 기본 용법은 `adjustedRandIndex(x, y)`이다. 여기서 `x`와 `y`는 길이가 n인 클래스 레이블이다.

31) `MclustDR()` 함수의 기본 용법은 `MclustDR(object, lambda)`이다. 여기서 `object`는 `Mclust()`의 출력 오브젝트이고 `lambda`는 군집중심 간 분리에 포커스를 두는 경우에는 `1`, 군집 중심과 공분산에 같은 중요도를 두는 경우에는 `0.5`로 놓는다.

32) `classError( )` 함수의 용법은 `classError(class, truth)`이다. 여기서 `class`는 예측 클래스이고 `truth`는 실제 클래스이다.

33) mclust 팩키지에서 컬러 옵션은 다음으로 알 수 있다.

```
> mclust.options()$classPlotColors[1:3]
[1] "dodgerblue2"   "red3"      "green3"
```

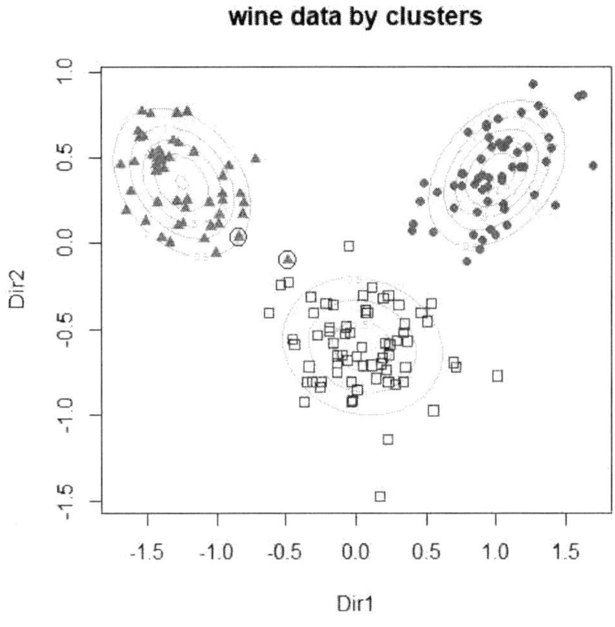

<그림 4> wine 군집화의 축소차원 시각화

다음은 불일치 관측개체를 리스트하는 R 스크립트이다.

```
> misclassified <- cbind(wine$Class[miscl],cluster$classification[miscl])
> colnames(misclassified) <- c("Class", "Cluster")
> misclassified
   Class Cluster
71     2       3
97     2       3
```

12.4 분류에의 응용

지도학습(supervised learning)의 일종인 분류(classification) 문제에서 클래스 예측에 가우스 혼합모형을 활용할 수 있다 (클래스 수 = K).

클래스 $k(=1, \cdots, K)$의 공변량 분포를 성분 수 G_k의 가우스 혼합모형으로 놓자:

$$f_k(\boldsymbol{x}) = \sum_{g=1}^{G_k} \pi_{gk}\, \phi(\boldsymbol{x}; \boldsymbol{\mu}_{gk}, \Sigma_{gk}).$$

클래스들의 사전확률 $\alpha_1, \cdots, \alpha_K$를 고려하여 관측 $\boldsymbol{x}$에 대한 클래스 예측을

$$k^* = \mathrm{argmax}_{k=1,\cdots,K}\ \alpha_k \hat{f}_k(\boldsymbol{x})$$

로 한다 ($\hat{f}_k(\boldsymbol{x})$는 $f_k(\boldsymbol{x})$의 가우스 혼합모형 추정).

EDDA (Eigenvalue Decomposition Discriminant Analysis) 모형은 앞 모형의 특수 케이스로서 $G_k = 1$로 제약된다. 즉,

$$f_k(\boldsymbol{x}) = \phi(\boldsymbol{x}; \boldsymbol{\mu}_k, \Sigma_k), \quad \Sigma_k = \lambda_k D_k A_k D_k^t$$

이다. 선형판별분석(linear discriminant analysis)은 EDDA의 특수 케이스로서 Σ_k가 모든 클래스 k에서 동일한 경우이다. 즉, $\Sigma_k = \lambda D A D^t$ (for all k).

spam 사례

kernlab 팩키지의 spam은 4,601개 e-메일에서 57개 텍스트 특성이 측정되고 spam・nonspam의 유형(type)이 태그된 데이터세트이다. 데이터 분석의 목표는 57개 텍스트 특성으로 2항형 유형을 예측하는 데 있다.

공정한 예측 정확도 평가를 위하여 훈련 자료와 테스트 자료를 분리하기로 하고 전자에 총 관측의 80%를, 후자에 나머지로 배당하기로 한다.

```
> library(mclust)
> data(spam, package="kernlab")
> X <- spam[,-58]
> Class <- spam[,58]
> set.seed(12345)
> train <- sample(1:nrow(X), size = round(nrow(X)*4/5), replace = FALSE)
> X.train <- X[train,]
```

```
> Class.train <- Class[train]
> table(Class.train)
Class.train
nonspam    spam
   2227    1454
> X.test <- X[-train,]
> Class.test <- Class[-train]
> table(Class.test)
Class.test
nonspam    spam
    561     359
```

다음은 EDDA 모형에 의한 분류 규칙 도출과 평가를 위한 R 스크립트이다.[34)]

```
> classify.1 <- MclustDA(X.train, Class.train, modelType = "EDDA")
> summary(classify.1, newdata = X.test, newclass = Class.test)
Gaussian finite mixture model for classification
-----
EDDA model summary:
 log.likelihood    n   df     BIC
      -58372.82 3681 3420 -144827
Classes       n Model G
  nonspam 2227   VVV 1
  spam    1454   VVV 1
Training classification summary:
         Predicted
Class     nonspam spam
  nonspam    1699  528
  spam         68 1386
Training error = 0.1619125
```

34) MclustDA() 함수의 기본 용법은 MclustDA(data, class, G, prior, modelType)이다. 여기서 data는 공변량 행렬(데이터프레임)이고 class는 관측 클래스이다. G는 클래스 별 군집 수, prior는 클래스에 대한 사전확률, modelType은 "MclustDA" 또는 "EDDA"이다.

```
Test classification summary:
        Predicted
Class     nonspam spam
  nonspam     416  145
  spam         20  339
Test error = 0.1793478
```

모형 요약을 보면 1개 군집 VVV형의 공분산 행렬 구조가 2개 서브세트 각각에 적용되었음을 알 수 있다. 오분류율(classification error rate)은 훈련 자료에서 16.2%이고 테스트 자료에서 17.9%이다.

가우스 혼합모형이 잘 할 수 있을까? 다음 R 스크립트와 출력을 보라.

```
> classify.2 <- MclustDA(X.train, Class.train)
> summary(classify.2, newdata = X.test, newclass = Class.test)
Gaussian finite mixture model for classification
-----
MclustDA model summary:
 log.likelihood    n  df     BIC
       9009.49 3681 638 12780.4
Classes       n Model G
  nonspam 2227   VEI 5
  spam    1454   EEI 4
Training classification summary:
        Predicted
Class     nonspam spam
  nonspam    2078  149
  spam        171 1283
Training error = 0.0869329
Test classification summary:
        Predicted
Class     nonspam spam
  nonspam     514   47
  spam         47  312
Test error = 0.1021739
```

모형 요약을 보면 nonspam 서브데이터에 5개 군집 VEI형 공분산 구조의 혼합분포가, spam 서브데이터에 4개 군집 EEI형 공분산 구조의 혼합분포가 적용되었음을 알 수 있다. 오분류율은 훈련 자료에서 8.7%, 테스트 자료에서 10.2%이다.

12.5 요약

이 장에서는 가우스 혼합모형을 소개하고 R 패키지 mclust를 활용한 관측개체 군집화와 분류예측을 다루었다. 이 외에도 mclust의 제5 버전으로 밀도추정과 붓스트랩 추정, 지도학습모형의 교차타당성(cross-validation) 분석을 할 수 있다.

mclust와 유사한 패키지로 FlexMix가 있다. FlexMix는 혼합 회귀모형도 다룬다.

참고문헌

Fraley, C., and Raftery, A.E. (2007). “Model-based methods of classification: Using the mclust software in chemometrics”, Journal of Statistical Software, 18(6). pp.1-13.

Scrucca, L. (2010). “Dimension reduction for model-based clustering”, Statistics and Computing, 20(4). pp. 471-484.

Scrucca, L., Fop, M., Murphy, B., and Raftery, A.E. (2016). “mclust 5: Clustering, Classification and Density Estimation Using Gaussian Finite Mixture Models”, R Journal, 8(1). pp. 289-317.

R 스크립트

```
mclust geyser.R
mclust wine.R
mclust spam.R
```

13장. 사회네트워크에서 중심인물 "keyplayer"

사회네트워크는 다수의 연결된 또는 연결되지 않은 개인(또는 기관)으로 구성된 사회적 구조이다. 중심인물의 파악은 사회네트워크분석에서 기본이다. 근접 중심성, 중개 중심성, 고유벡터 중심성 등 통상적인 중심성 측도는 모두 개인 1명씩에 대한 수치이다 (허명회, 2012). 이 장에서는 이를 확장하여 $m\,(\geq 2)$명 이상의 부그룹에 대한 중심성 측도를 소개하고 네트워크에서 가장 중요한 부그룹을 찾는 최적화 방법을 설명한다. R 팩키지 keyplayer를 활용한다.

13.1 개별노드 중심성

사회네트워크는 연결선에 방향이 있느냐, 없느냐에 따라 방향 네트워크(directed network)와 무방향 네트워크(undirected network)로 분류된다. 네트워크분석에서 첫 작업은 개별노드, 즉 인물별 중심성의 산출이다. 중심성 측도에는 연결선수(degree), 근접성(closeness), 중개성(betweenness), 고유벡터(eigenvector) 등이 있다.[35)]

간단한 네트워크의 예를 보자. 이 예에서 사회네트워크의 구성원은 5명 M1, M2, M3, M4, M5이고 인접행렬(adjacency matrix)은

$$\begin{pmatrix} 0 & 1 & 1 & 0 & 1 \\ 0 & 0 & 1 & 0 & 0 \\ 1 & 0 & 0 & 1 & 0 \\ 0 & 0 & 1 & 0 & 0 \\ 1 & 0 & 0 & 0 & 0 \end{pmatrix}$$

이다. 이것은 예컨대 "M1 → M2", "M1 → M3"임을 뜻한다. 그러나 M2에서 M1으로 가는 연결선이 없으므로 이 네트워크는 방향성을 갖는 네트워크이다.

<그림 1>이 이 네트워크의 시각화이다. sna 팩키지의 **gplot()** 함수로 만들었다.

35) 허명회 (2012). R을 활용한 사회네트워크분석 입문, 자유아카데미.

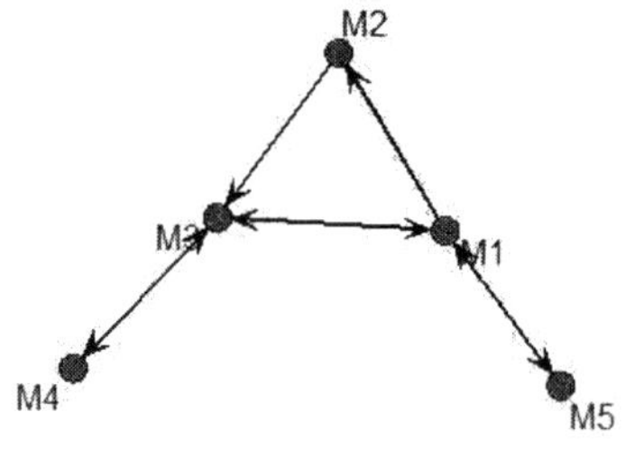

<그림 1> 구성원이 5명인 간단한 사회네트워크 예

```
> library(sna)
> A <- matrix(c(0,1,1,0,1,
+               0,0,1,0,0,
+               1,0,0,1,0,
+               0,0,1,0,0,
+               1,0,0,0,0),byrow=T,nrow=5)
> rownames(A) <- c("M1","M2","M3","M4","M5")
> colnames(A) <- c("M1","M2","M3","M4","M5")
> A
   M1 M2 M3 M4 M5
M1  0  1  1  0  1
M2  0  0  1  0  0
M3  1  0  0  1  0
M4  0  0  1  0  0
M5  1  0  0  0  0
> gplot(A, displaylabels=T, boxed.labels=F, vertex.cex=1,
+         arrowhead.cex=1)
```

최단거리(geodesic distance) 행렬은 sna 팩키지의 **geodist()** 함수로 만든다.

```
> D <- geodist(A)$gdist
> rownames(D) <- c("M1","M2","M3","M4","M5")
> colnames(D) <- c("M1","M2","M3","M4","M5")
```

```
> D
   M1 M2 M3 M4 M5
M1  0  1  1  2  1
M2  2  0  1  2  3
M3  1  2  0  1  2
M4  2  3  1  0  3
M5  1  2  2  3  0
```

인접행렬이 비대칭인 경우에는 최단거리행렬도 또한 비대칭이다. 앞의 행렬 D에서, 또는 <그림 1>에서, "M2 → M5" 거리는 3이지만 "M5 → M2" 거리는 2이다.

이 네트워크에서 노드별 연결선 수는 다음과 같다. sna 팩키지의 **degree()** 함수를 썼다. 이 함수는 들어오는 방향의 연결선 수, 나가는 방향의 연결선 수, 들어오는 방향과 나가는 방향의 총 연결선 수를 산출한다.

```
> degree(A, cmode="indegree")
[1] 2 1 3 1 1
> degree(A, cmode="outdegree")
[1] 3 1 2 1 1
> degree(A)
[1] 5 2 5 2 2
```

근접 중심성(**closeness centrality**)은 노드 i에 대하여 다음과 같이 정의된다.

$$c[i] = \frac{1}{n-1}\sum_{j=1}^{n}\frac{1}{d_{ij}}, \quad i = 1, \cdots, n.$$

여기서 n은 네트워크의 노드 수이고 d_{ij}는 최단거리 행렬 D의 (i,j) 요소로 노드 i에서 노드 j로 가는 최단경로의 길이이다. 따라서 $c[i]$는 노드 i의 나가는 방향에서의 활동성, 즉 전파력을 의미한다. 계산은 sna 팩키지의 **closeness()** 함수로 한다:

```
> round(closeness(A, cmode="suminvdir"), 2)
[1] 0.88 0.58 0.75 0.54 0.58
```

노드별로 들어오는 방향에서의 활동성, 즉 흡인력을 보려면 인접행렬을 전치(transpose)하여 **closeness()** 함수에 넣는다:

```
> round(closeness(t(A), cmode="suminvdir"), 2)
[1] 0.75 0.58 0.88 0.58 0.54
```

이 사례에서 나가는 방향의 근접성은 노드 1이 가장 크고, 들어오는 방향의 근접성은 노드 3이 가장 크다.

중개 중심성(betweenness centrality)은 노드 k에 대하여

$$b[k] = \sum_{i \neq j; i \neq k; j \neq k; g_{ij} \neq 0;} \frac{g_{ikj}}{g_{ij}}, \quad k = 1, \cdots, n$$

로 정의된다. 여기서 g_{ij}는 노드 i에서 노드 $j\,(\neq i)$에 가는 최단경로의 수이고 g_{ikj}는 그 중에서 노드 k를 경유하는 경로의 수이다. $(n-1)(n-2)$개의 모든 (i,j) 순서쌍을 고려하므로($i \neq j; i \neq k; j \neq k;$) 인접행렬을 전치해도 결과는 마찬가지이다. 중개 중심성은 sna 팩키지의 **betweenness()** 함수로 구한다.

```
> round(betweenness(A), 2)
[1] 8 0 8 0 0
> round(betweenness(t(A)), 2)
[1] 8 0 8 0 0
```

고유벡터 중심성(eigenvector centrality)은 개별노드의 중요도를 그 노드와 연결된 노드들의 중요도로 평가한다. 이것은

$$A\,\boldsymbol{x} = \lambda\,\boldsymbol{x}$$

의 해 $\boldsymbol{x}$로 귀착된다 (λ는 플러스 값을 취하는 비례상수). 행렬 A가 비대칭인 경우, 즉 방향네트워크의 경우에는 이 방정식이 해를 갖지 못할 수 있다.

```
> round(evcent(A), 2)                # 나가는 방향
[1] 0.65 0.29 0.52 0.29 0.36
> round(evcent(t(A)), 2)             # 들어오는 방향
[1] 0.52 0.29 0.65 0.36 0.29
> round(evcent(symmetrize(A)), 2)
[1] 0.57 0.49 0.57 0.25 0.25
```

symmetrize()는 인접행렬은 대칭화하는 함수이다. 이 함수는 $i \rightarrow j$ 또는 $j \rightarrow i$인 연결선이 있으면 두 노드의 쌍방향 연결을 간주한다.

M-reach degree 중심성은 degree의 일반화로서 주어진 거리 M 이내의 노드들을 카운트한다. 따라서 통상적인 연결선 수(degree)는 $M=1$인 M-reach degree이다. 다음은 $M=2$인 경우이다.

```
> mreach.degree(A, M=2, cmode="all")
   outdegree indegree total
M1         4        4     8
M2         3        3     6
M3         4        4     8
M4         2        3     5
M5         3        2     5
```

M-reach closeness 중심성은 closeness의 일반화로서 거리 M 이내의 노드들에 국한하여 closeness를 계산한다. 정의는 다음과 같다.

$$\text{M-reach closeness [outdegree]} = d_{\min}\left(\sum_{j \in F_i} 1/d_{ij}\right) / (n-1),$$

$$\text{M-reach closeness [indegree]} = d_{\min}\left(\sum_{j \in H_i} 1/d_{ji}\right) / (n-1),$$

여기서 F_i는 노드 i로부터 거리 M 이내에 닿는 노드들의 집합이고 H_i는 거리 M 이내에서 노드 i에 닿는 노드들의 집합이다. 그리고 $d_{\min}$은 모든 d_{ij}의 최소값이다 ($i \neq j$). M-reach closeness는 outdegree와 indegree에서 0과 1 사이 값을 취한다. $M=\infty$ 인 M-reach closeness는 사실상 closeness와 같다.[36)]

```
> mreach.closeness(A, M=2, cmode="all")
   outdegree  indegree total
M1     0.875    0.750   1.625
M2     0.500    0.500   1.000
M3     0.750    0.875   1.625
M4     0.375    0.500   0.875
M5     0.500    0.375   0.875
```

---

36) $d_{\min}=1$인 네트워크에서는 M-reach closeness와 closeness가 같다. 그 외의 경우 $d_{\min}$배의 차이가 있다.

13.2 그룹 중심성

앞 절에서 살펴본 ‘중심성’은 개별 노드에 대한 것이었다. 2개 이상의 노드가 합하여 네트워크에서 차지하는 역할에 대한 측도는 새로 정의되어야 한다.

G를 노드 그룹이라고 하자. G의 구성원을 g로 표기하고 G 바깥의 구성원을 j로, $g \rightarrow j$의 연결선을 E_{gj}로 표기하자. G와 j간 연결선을

“max” 방법: $E_{Gj} = \max_{g \in G} E_{gj}$

로 정의한다. 이항형 네트워크의 경우 E_{gj}는 이항형이고 E_{Gj}도 이항형이다. 이런 연결선의 재정의에 따라 새로운 네트워크가 파생된다.[37] 이런 연결 방법을 R 팩키지 keyplayer에서 max 방법이라고 한다. 다른 연결 방법도 있다. 예컨대

“min” 방법: $E_{Gj} = \min_{g \in G, E_{gj} \neq 0} E_{gj}$,

“add” 방법: $E_{Gj} = \sum_{g \in G} E_{gj}$

등이다. 연결선이 0 또는 1인 이항형 네트워크의 경우 “min” 방법은 “max” 방법과 동일하다. “add” 방법은 이항형 네트워크에 대하여도 연결선 값이 1보다 클 수 있으므로 가중 네트워크(weighted network)가 된다.

앞 절의 간단한 네트워크 사례에서 노드 4와 노드 5를 그룹 G로 묶어보자. 주어진 네트워크의 인접행렬이

```
> A
   M1 M2 M3 M4 M5
M1  0  1  1  0  1
M2  0  0  1  0  0
M3  1  0  0  1  0
M4  0  0  1  0  0
M5  1  0  0  0  0
```

이므로, 노드 1, 2, 3과 노드그룹 G로 구성되는 파생 네트워크 C의 인접행렬은

```
> library(keyplayer)
> C <- contract(A, c(4,5), method="max")
```

37) 그룹의 노드 수를 m일 때, 새 네트워크의 노드 수는 $n-m+1$이다.

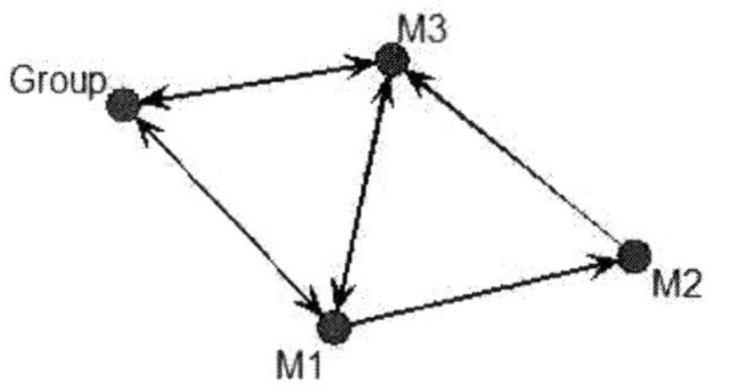

<그림 2> 3개 개별노드와 1개의 노드그룹으로 구성된 사회네트워크

```
> rownames(C) <- c("M1","M2","M3","Group")
> colnames(C) <- c("M1","M2","M3","Group")
> C
      M2 M2 M3 Group
M1     0  1  1     1
M2     0  0  1     0
M3     1  0  0     1
Group  1  0  1     0
```

이다. 앞의 스크립트에서 `contract(A, c(4,5), method="max")`는 사회네트워크 A의 노드 4와 5를 그룹으로 묶되 “max” 방법으로 새 네트워크 C를 파생시킨다. 네트워크 C의 그래프는 <그림 2>와 같다.

```
> gplot(C, displaylabels=T, boxed.labels=F, vertex.cex=1,
+       arrowhead.cex=1)
```

네트워크 C의 중심성은 다음과 같다.38)

```
> degree(C)
[1] 5 2 5 4
> round(closeness(C, cmode="suminvdir"), 2)
[1] 1.00 0.67 0.83 0.83
> round(closeness(t(C), cmode="suminvdir"), 2)
[1] 0.83 0.67 1.00 0.83
```

38) `degree()`, `closeness()`, `betweenness()`, `evcent()`는 팩키지 sna가 제공한다.

```
> betweenness(C)
[1] 2 0 2 0
> round(evcent(C), 2)
[1] 0.61 0.25 0.53 0.53
> round(evcent(t(C)), 2)
[1] 0.53 0.25 0.61 0.53
```

앞의 출력 중 degree와 closeness의 것은 keyplayer 함수로도 가능하다.

```
> mreach.degree(contract(A, c(4,5), method="max"), M=1)
    outdegree indegree total
1           3        2     5
2           1        1     2
3           2        3     5
set         2        2     4
> round(mreach.closeness(contract(A, c(4,5), method="max")), 2)
    outdegree indegree total
1        1.00     0.83  1.83
2        0.67     0.67  1.33
3        0.83     1.00  1.83
set      0.83     0.83  1.67
```

노드그룹 G의 중심성은 다음과 같이 R 패키지 keyplayer의 **kpcent()** 함수로도 산출할 수 있다.

```
> kpcent(A, c(4,5), method="max", type="mreach.degree", M=1, cmode="total")
[1] 4
> kpcent(A, c(4,5), method="max", type="mreach.closeness", cmode="total")
[1] 1.666667
> kpcent(A, c(4,5), method="max", type="betweenness")
[1] 0
> kpcent(A, c(4,5), method="max", type="evcent")
[1] 0.5319127
> kpcent(t(A), c(4,5), method="max", type="evcent")
[1] 0.5319127
```

13.3 그룹 중심성의 최대화

이 절의 목표는 주어진 크기(size)의 그룹 중에서 중심성이 으뜸인 그룹을 찾는 것이다. 구성원 수가 n인 네트워크에서 주어진 그룹 크기를 k라고 할 때, 헤아려야 할 조합 수가 ${}_nC_k$ 이므로 웬만한 n에 대하여도 심각한 계산 문제이다.

R 팩키지 keyplayer에 사용된 휴리스틱 알고리즘은 다음과 같다.

단계 1. 크기 k의 초기 그룹을 C라고 하자. 나머지 노드 그룹을 R로 지칭한다.

단계 2. C의 업데이팅:

1) C의 한 노드를 R의 한 노드와 교환하여 중심성이 증가하면 C의 그 노드를 R의 그 노드로 대체한다. 이 과정에서 시도된 교환 횟수가 ‘iteration’이다.
2) C의 모든 노드에 대하여 1)을 실행한다. 이 과정이 ‘round’회 반복된다.
3) C의 중심성이 거의 증가하지 않게 되거나 2)의 round 수가 지정된 수보다 커지면 작업을 종료한다.

단계 3. 작업을 종료하면서 C와 이 그룹의 중심성을 출력한다.

다음은 R 팩키지 keyplayer의 `kpset()` 함수의 주요용법이다.

```
kpset(adj.matrix, size, type, T, method, seed, round, iteration)
```

여기서 `adj.matrix`는 사회네트워크의 인접행렬, `size`는 노드 그룹의 크기, `type`은 중심성 유형(`"degree"`, `"closeness"`, `"betweenness"`, `"evcent"`, `"mreach.degree"`, `"mreach.closeness"` 등), `T`는 전체 반복 수, `method`는 노드그룹과 그룹 외 노드의 연결 방법(`"max"`를 추천), `seed`는 `"top"` (개별노드의 중요도 상위 노드들이 초기 그룹이 됨) 또는 `"random"`이다.[39]

R 팩키지 keyplayer의 `kpset()` 함수에서 `iteration`, `round` 및 `T`의 디폴트 값은 각각 n과 10, n이다. `kpset()` 함수가 국소 해에 머물지 않게 하기 위해서는 `round` 및 `T`를 크게 잡아야 한다.

39) `type="closeness"`는 추천하지 않는다. 대신 `type="mreach.closeness"`를 추천.

간단한 사회네트워크에 **kpset()** 함수를 적용해보자.

```
> kpset(A, size=2, method="max", type="degree")
$keyplayers
[1] 1 3
$centrality
[1] 6
```

2개 노드의 조합 중 그룹 degree가 가장 큰 조합은 노드 1과 3의 묶음임을 알려준다. 노드 1과 3이 그룹으로 묶인 사회네트워크는

```
> C1 <- contract(A, c(1,3), method="max")
> rownames(C1) <- c("M2","M4","M5","Group")
> colnames(C1) <- c("M2","M4","M5","Group")
> C1
      M2 M4 M5 Group
M2     0  0  0     1
M4     0  0  0     1
M5     0  0  0     1
Group  1  1  1     0
```

이다. <그림 3>이 이 네트워크의 시각화이다.

```
> gplot(C1, displaylabels=T, boxed.labels=F, vertex.cex=1,
+        arrowhead.cex=1)
```

더 많은 **kpset()** 함수를 적용해 보자.

```
> kpset(A, size=2, method="max", type="mreach.closeness", cmode="outdegree")
$keyplayers
[1] 1 3
$centrality
[1] 1
> kpset(A, size=2, method="max", type="betweenness")
$keyplayers
[1] 1 3
$centrality
[1] 6
```

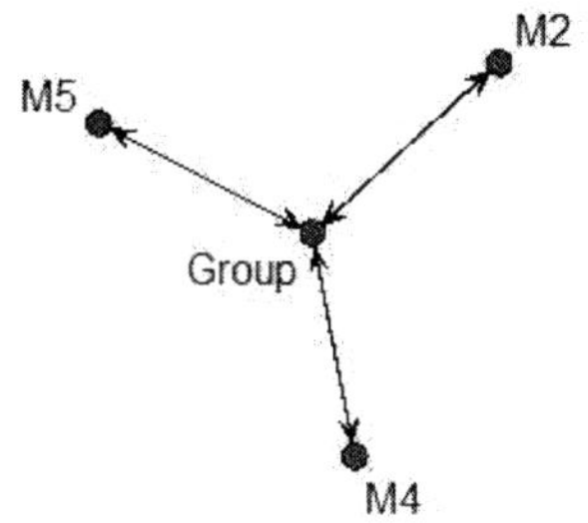

<그림 3> 노드 1과 3인 묶인 사회네트워크

```
> kpset(A, size=2, method="max", type="evcent")
$keyplayers
[1] 3 5
$centrality
[1] 0.7236068
```

13.4 사례: Friends 네트워크

Friends {keyplayer} 네트워크는 하이테크 회사의 21명 관리자 간 관계의 우호성을 보여주는 네트워크이다. 이 절의 목표는 관리자 중에서 가장 중요한 3명을 찾아보는 데 있다. keyplayer의 **kpset()** 함수를 활용할 것이다.

<그림 4>가 Friends 네트워크의 그래프이다. 이 네트워크가 방향성을 갖고 4명이 한 명씩 고립되어 있음을 볼 수 있다.

```
> library(keyplayer)
> library(sna)
> data(Friends)
> network <- as.matrix(Friends)
> gplot(network, displaylabels=T, boxed.labels=F, vertex.cex=1,
+       label.cex=0.8, arrowhead.cex=1)
```

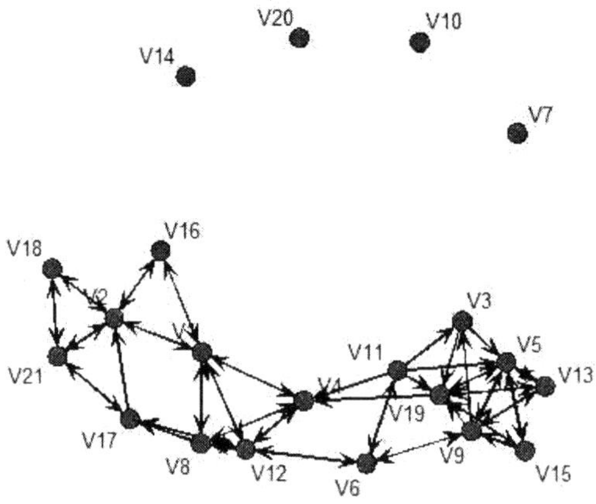

<그림 4> Friends 네트워크

다음은 들어오는 방향의 연결선 수가 최대가 되는 노드그룹을 찾고자 작성된 R 스크립트이다. 조합이 다른데도 목표 값이 같음을 볼 수 있다.

```
> kpset(network, size=3, type="degree", cmode="indegree", method="max")
$keyplayers
[1]  2 12 19
$centrality
[1] 14
> kpset(network, size=3, type="degree", cmode="indegree", method="max",
+        seed="random")
$keyplayers
[1]  2 5 12
$centrality
[1] 14
```

다음은 M-reach degree가 큰 노드그룹을 찾아낸다 ($M=2$; 들어오는 방향).

```
> kpset(network, size=3, type="mreach.degree", M=2,
+        cmode="indegree", method="max")
$keyplayers
[1] 1 4 7
```

```
$centrality
[1] 15
> kpset(network, size=3, type="mreach.degree", M=2,
+       cmode="indegree", method="max", seed="random")
$keyplayers
[1] 2 7 9
$centrality
[1] 15
```

다음은 M-reach closeness가 큰 노드그룹을 찾아낸다 ($M = 2$; 들어오는 방향).

```
> kpset(network, size=3, type="mreach.closeness", M=2,
+       cmode="indegree", method="max")
$keyplayers
[1]  2  5 12
$centrality
[1] 0.7777778
```

M-reach closeness에서 M을 지정하지 않으면 ∞가 간주되므로 closeness가 되는 셈이다. 그 결과는 앞의 것과 같다.

```
> kpset(network, size=3, type="mreach.closeness", cmode="indegree",
+       method="max")
$keyplayers
[1]  2  5 12
$centrality
[1] 0.7777778
```

다음은 중개 중심성(betweenness centrality) 기준에서 3명 그룹을 찾는 R 스크립트와 결과이다.

```
> kpset(network, size=3, type="betweenness", method="max")
$keyplayers
[1]  2 12 19
$centrality
[1] 130.1667
```

다음은 고유벡터 중심성(eigenvector centrality) 기준에서 3명 그룹을 찾는 R 스크립트와 결과이다.

```
> kpset(network, size=3, type="evcent", method="max")
$keyplayers
[1]  2 12 19
$centrality
[1] 0.6071689
```

13.5 맺음말

이제까지의 보기들에서 분석된 사회네트워크는 연결선 값이 1 또는 0인 이항형이었다. R의 keyplayer 팩키지는 가중 네트워크에 대하여도 적용가능하다.

`kpset()` 함수의 최적화 알고리즘은 상당한 계산 시간을 소모한다. 따라서 노드 수 n이 10^3+ 수준인 사례에는 적용이 곤란하다.

참고문헌

An, W. and Liu, Y.-H. (2016). "keyplayer: An R Package for locating key players in social networks". R Journal, 8(1). 257-268.

허명회 (2012). R을 활용한 사회네트워크분석 (개정판). 자유아카데미.

R 스크립트

`keyplayer simple example.R`

`keyplayer Friends.R`

14장. G 부스팅 “xgboost”

G 부스팅(gradient boosting)은 현재 모형에서 성능이 부족한 부분을 찾아 순차적으로 개선시켜 나가는 방법으로 랜덤 포레스트와 더불어 나무 모형의 진화된 버전이다. 이 장에서는 G 부스팅의 원리와 알고리즘을 설명하고 이를 구현한 R 패키지 **xgboost**의 활용법을 소개한다.

14.1 G 부스팅의 원리

개념적으로 “최선”의 통계적 모형은 $L(\theta)+\Omega(\theta)$를 θ에 대하여 최소화하여 얻어진다. 여기서 θ는 모형(파라미터)이고 $L(\theta)$는 손실(loss),[40] $\Omega(\theta)$는 모형의 복잡도에 대한 벌점(regularization penalty)이다.

예를 들어, 분류(classification)에서 손실은 음 가능도(negative likelihood)인

$$L(\hat{\theta}) = \sum_{i=1}^{n} [\, y_i \log(1+e^{-\hat{\theta}_i}) + (1-y_i)\log(1+e^{\hat{\theta}_i})]$$

이고 잎(leaf, 종점 노드)이 T개이고 잎의 값이 $w_1, \cdots, w_T$인 나무 모형의 경우

$$\Omega(\hat{\theta}) = \gamma T + \frac{1}{2}\lambda \sum_{j=1}^{T} w_j^2$$

이다 (γ와 λ는 미지정 상수). 여기서 $\hat{\theta}_i$는 개체 i에서 성공확률의 적합값이다.

부스팅 모형은 예측 값을

$$\hat{y} = \sum_{k=1}^{\infty} \hat{f}_k(x)$$

로 표현하자는 것인데, 여기서 $\hat{f}_k(x)$는 k-단계 전까지의 예측 모형이 갖는 손실에 대한 음의 기울기(negative gradient)에서 나온다 ($k \geq 1$). 즉, 부스팅의 아이디어는 손실이 감소하는 방향으로 예측 값을 이동시킴으로써 최적 예측에 도달한다는 것. 통상 $\hat{f}_k(x)$는 나무(tree)로 구축되지만 과적합(over-fitting)을 막기

---

40) 손실은 예측오류의 정량화입니다. 회귀에서 평균제곱오차가 하나의 보기입니다.

위하여 학습률(learning rate)을 작게 하고 매 단계에서 가용 공변량(설명변수) 중 일부만 임의 선택하여 사용한다. 정리하면...

G 부스팅 알고리즘 (Friedman, 1999)

[1] 개별 관측점 $i\,(=1, \cdots, n)$에서 손실의 negative gradient를 산출한다.

$$z_i = \left[-\frac{\partial}{\partial \hat{y}} L(y, \hat{y}) \right]_{(x_i, y_i)} . \quad (\simeq \text{ 잔차, residual})$$

이것이 plus (negative)이면 $\hat{y}$를 지금보다 크게 (작게) 할 필요가 있다.

[2] n개 관측에서 n_1개 관측을 추출(subsampling)한다 (여기서 $n_1/n\,(=\rho)$은 0과 1 사이). 그리고 $z_1, \cdots, z_{n_1}$을 $\boldsymbol{x}_1, \cdots, \boldsymbol{x}_{n_1}$으로 설명하는 나무 모형을 p개 변수 중 일부만 활용하여 구축한다 (여기서 p는 가용 공변량 수).

[3] 개별 관측점 $i\,(=1, \cdots, n)$에서의 예측 값 y_i를 앞의 모형이 제시하는 값과 부호를 고려하여 가감한다. 그 양은 학습률 eta (= η)에 의하여 결정된다.

단계 [1], [2], [3]을 반복한다. 안정적인 해에 도달하면 알고리즘을 종료한다.

R 패키지는 `gbm`과 `xgboost`에 G 부스팅 알고리즘이 구현되어 있다. `gbm` 패키지의 활용에 대하여는 허명회 외(2015)의 《고급데이터분석》 1장에서 다룬 바 있으므로 여기서는 `xgboost` 패키지를 다루려 한다.

`xgboost` 패키지의 특장점은 다음 두 가지이다.

1. 병렬계산(parallel computing). `xgboost`는 multi-core processor를 지원한다.
2. 뜨문뜨문한 데이터 처리 (sparse data handling). 셀 대다수가 빈 칸인 데이터에 대하여 채워진 칸의 값만 입력된 데이터를 다룰 수 있다.

XGBoost 사이트(`https://xgboost.readthedocs.io/en/latest/`)에 의하면 Kaggle 2015에서 11개 팀이 deep neural net를 사용한 반면 17개 팀이 XGBoost를 사용하였다고 한다. KDDCup 2015에서는 상위 10위의 모든 팀이 XGBoost를 썼다니 놀랍다. 또한 다양한 분야에서 수많은 응용 사례가 보고되고 있다.

14.2 G 부스팅 사례

mushroom 데이터. 이 데이터는 버섯 8,124 개체의 22개 속성 (126개 범주) 및 식용(1) · 비식용(0)에 대한 정보인데 **xgboost** 팩키지는 전체 개체를 6,513 개체와 1,611 개체로 나누어 2개의 데이터세트 **agaricus.train**과 **agaricus.test**로 제공하고 있다.

```
> library(xgboost)
> data(agaricus.train)
> data(agaricus.test)
> train <- agaricus.train; dim(train$data)
[1] 6513  126
> test <- agaricus.test; dim(test$data)
[1] 1611  126
```

agaricus.train는 2개 element (**data**와 **label**)의 리스트인데 **data**가 **x** 변수들이고 **label**이 **y** 변수이다. **data**는 뜨문뜨문한 행렬로 입력되어 있다.

```
> str(agaricus.train)
List of 2
 $ data :Formal class 'dgCMatrix' [package "Matrix"] with 6 slots
  .. ..@ i       : int [1:143286] 2 6 8 11 18 20 21 24 28 32 ...
  .. ..@ p       : int [1:127] 0 369 372 3306 5845 6489 6513 8380 ...
  .. ..@ Dim     : int [1:2] 6513 126
  .. ..@ Dimnames:List of 2
  .. .. ..$ : NULL
  .. .. ..$ : chr [1:126] "cap-shape=bell" "cap-shape=conical" ...
  .. ..@ x       : num [1:143286] 1 1 1 1 1 1 1 1 1 1 ...
  .. ..@ factors : list()
 $ label: num [1:6513] 1 0 0 1 0 0 0 1 0 0 ...
```

xgboost 팩키지의 **xgboost()** 함수가 G 부스팅 모형을 적합해내는데 그 용법은 다음 예에서 짐작할 수 있다.

```
> bstSparse.tree <- xgboost(data=train$data, label=train$label,
      max_depth=2, eta=0.5, nrounds=5,
      objective="binary:logistic")
[1]    train-error:0.046522
[2]    train-error:0.043605
[3]    train-error:0.023338
[4]    train-error:0.028251
[5]    train-error:0.011823
```

← 총 오류율, 훈련 데이터에서

xgboost() 함수의 기본 인수(argument)들을 정리해보면 다음과 같다.

```
data        = x 변수들 (숫자여야 한다)
label       = y 변수 (숫자로 0 또는 1이어야 한다; 문자 불허)
max_depth   = tree의 깊이
eta         = 학습률 (learning rate)
nrounds     = boosting 횟수
objective   = 무엇을 할 것인지? 예컨대 회귀는 reg:linear,
              분류는 binary:classification, 순위화는 rank:pairwise
```

이제 테스트 데이터에서 xgboost 모형의 성능을 살펴보도록 한다.

```
> pred.tree <- predict(bstSparse.tree, test$data)
> head(pred.tree, 5)
[1] 0.1263905 0.8548772 0.1263905 0.1263905 0.1048468
> predicted.tree.1 <- as.numeric(pred.tree > 0.5)
> table(predicted.tree.1, test$label, dnn=c("predicted", "observed"))
         observed
predicted   0   1
        0 825   9
        1  10 767
> tab.tree <- table(predicted.tree.1, test$label, dnn=c("predicted","observed"))
> err.tree <- (tab.tree[1,2]+tab.tree[2,1])/sum(tab.tree)
> round(err.tree, 4)
[1] 0.0118
```

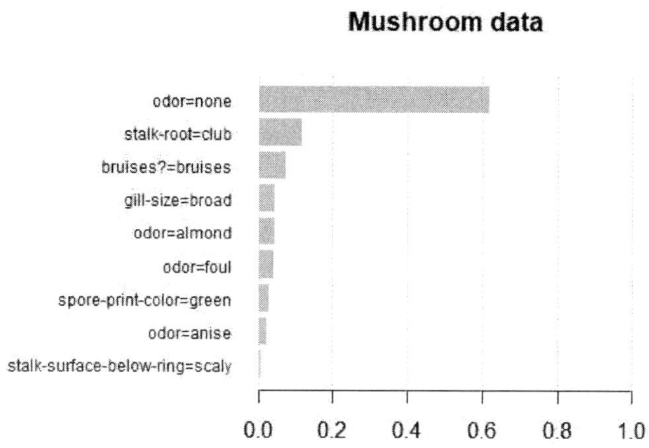

<그림 1> mushroom 데이터에 대한 G 부스팅 모형에서의 예측변수 중요도

앞의 분류표에서 위음 예측율이 0.011($=9/(825+9)$), 위양 예측률이 0.013 ($=10/(767+10)$), 총 오류율이 0.012 ($=(9+10)/(825+9+10+767)$)이다.

XGBoost에서 나무(tree)가 디폴트 building block이므로 예측변수 중요도가 산출된다. 중요도 값은 변수 별로 노드 분리에서 불순도(impurity)의 감소에 기여한 분량을 지수화한 것이다.

```
> x.importance <- xgb.importance(colnames(train$data), model=bstSparse.tree)
> xgb.plot.importance(x.importance, xlim=c(0,1), main="Mushroomdata")
```

<그림 1>을 보라. 'odor=none'이 가장 중요한 indicator로 뽑혔다. 그 다음이 'stalk-root=club'이다. 두 지표 모두 식용(label 1)과 대응성이 강하다.

```
> table(train$data[,"odor=none"], train$label)
     0    1
  0  650 3048
  1 2723   92
> table(train$data[,"stalk-root=club"], train$label)
     0    1
  0 2955 3103
  1  418   37
```

xgboost()에는 부스팅의 각 단계에서 모든 변수들을 쓰는 디폴트 대신에 임의 선택된 일부 변수만을 쓰는 옵션 **colsample_bytree**가 있다.

```
> bstSparse.tree <- xgboost(data=train$data, label=train$label,
+     max_depth=2, eta=0.5, nrounds=10,
+     colsample_bytree=0.75,
+     objective="binary:logistic")
[1]     train-error:0.082450
[2]     train-error:0.058038
[3]     train-error:0.034086
[4]     train-error:0.016429
[5]     train-error:0.022263
[6]     train-error:0.013358
[7]     train-error:0.007523
[8]     train-error:0.001996
[9]     train-error:0.001996
[10]    train-error:0.001996
```

앞에서보다 좋아 보인다. 테스트 데이터에 넣어 분류 정확도를 평가해보자.

```
> pred.tree <- predict(bstSparse.tree, test$data)
> head(pred.tree, 5)
[1] 0.02893751 0.91330743 0.02893751 0.02893751 0.17430335
> predicted.tree.1 <- as.numeric(pred.tree > 0.5)
> table(predicted.tree.1, test$label, dnn=c("predicted","observed"))
         observed
predicted   0   1
        0 835   5
        1   0 771
```

xgboost()에는 **colsample_bytree** 외에 튜닝해야 해 인수들이 몇 개 더 있다. 나무의 깊이인 **max_depth**와 부스팅 단계 수인 **nrounds**를 바꿔보자.

max_depth=2를 **max_depth=3**으로 바꾸면

```
> bstSparse.tree <- xgboost(data=train$data, label=train$label,
+       max_depth=3, eta=0.5, nrounds=5,
+       objective="binary:logistic")
[1]     train-error:0.046522    ->    train-error:0.017811
[2]     train-error:0.043605          train-error:0.012590
[3]     train-error:0.023338          train-error:0.012590
[4]     train-error:0.028251          train-error:0.006602
[5]     train-error:0.011823          train-error:0.003992
```

인데 테스트 데이터에 넣어 분류 정확도를 보면 다음과 같이 나온다.

```
> table(predicted.tree.1, test$label, dnn=c("predicted","observed"))
         observed
predicted   0   1
        0 829   0
        1   6 776
```

훨씬 낫다. 마지막으로 부스팅 단계 수 **nrounds**를 25로 늘려보자.

```
> bstSparse.tree <- xgboost(data=train$data, label=train$label,
+     max_depth=2, eta=0.5, nrounds=25,
+     objective="binary:logistic")
[1]    train-error:0.076155
[2]    train-error:0.041609
[3]    train-error:0.026102
 :
[25]   train-error:0.000000
```

테스트 데이터에 넣어 분류 정확도를 보면 다음과 같다. 너무 정확!

```
> table(predicted.tree.1, test$label, dnn=c("predicted", "observed"))
         observed
predicted   0   1
        0 835   0
        1   0 776
```

spam 데이터. `kernlab` 패키지에 제공된 이 데이터는 4,601개의 메일에서 57개 텍스트 특성과 분류 태그(nonspam vs. spam)로 구성되어 있다. 전체 데이터에서 75%를 임의로 추출하여 훈련 데이터로 하고 나머지 25%를 테스트 데이터로 하자.

```
> library(kernlab)
> data(spam)
> str(spam)
> set.seed(123)
> n <- nrow(spam)
> n.1 <- round(n*0.75)
> ids <- sample(1:n, n.1, replace=F)
> train.1 <- spam[ids, ]
> test.1 <- spam[-ids, ]
> str(train.1)
> str(test.1)
```

일차적으로 7장에서 소개한 바 있는 나무 분류(tree classification)를 만들어 예측력을 보자.

```
> library(rpart)
> rpart.1 <- rpart(type ~ ., data=train.1)
> rpart.1
> par(mar=c(1,1,1,1), xpd=T)
> plot(rpart.1)
> text(rpart.1, use.n=T)
```

<그림 2>에서 구축된 나무모형을 보라. 첫 번째 노드는 charDollar에 의한 분리이다. 테스트 데이터로 모형의 예측력을 살펴보자.

```
> pred.1 <- predict(rpart.1, newdata=test.1, type="class")
> tab.1 <- table(pred.1, test.1$type, dnn=c("predicted","observed"))
```

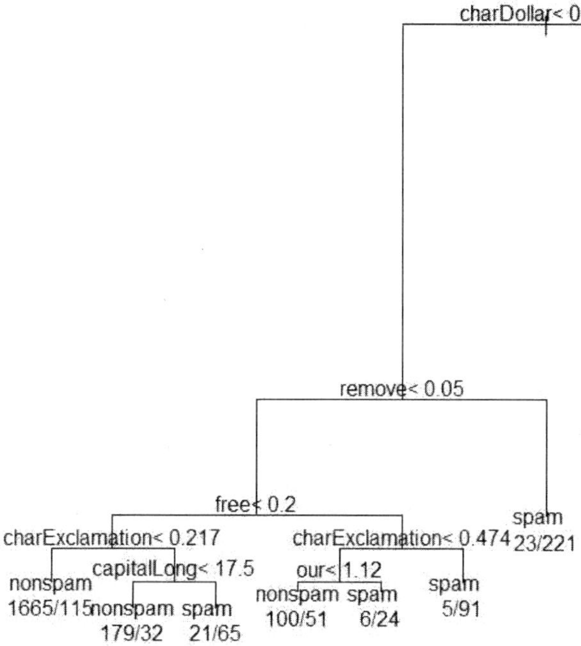

<그림 2> spam 데이터의 나무 분류 모형

```
> addmargins(tab.1)
          observed
predicted nonspam spam  Sum
  nonspam     652   86  738
  spam         32  380  412
  Sum         684  466 1150
```

이 분류표에서 위음 예측율은 11.7% (=86/(652+86)), 위양 예측율은 7.8% (=32/(32+380)), 총 오류율은 10.3%(=(86+32)/(652+86+32+380))이다.

```
> err.1 <- (tab.1[1,2]+tab.1[2,1])/nrow(test.1)
> round(err.1, 3)
[1] 0.103
```

다음으로 G 부스팅을 적용해보자.

```
> library(xgboost)
> library(kernlab)
> data(spam)
> str(spam)
> n <- nrow(spam)
> n.1 <- round(n*0.75)
> ids <- sample(1:n, n.1, replace=F)
> train <- spam[ids, ]
> test <- spam[-ids, ]
> train$type <- as.numeric(train$type) - 1
> test$type <- as.numeric(test$type) - 1

> bstSparse.tree <- xgboost(data=as.matrix(train[, 1:57]),
+      label=train[, 58],
+      max_depth=4, eta=0.5, nrounds=25, colsample_bytree=0.75,
+      objective="binary:logistic")
[1]    train-error:0.111852
[2]    train-error:0.092147
[3]    train-error:0.074761
 :
[25]   train-error:0.025790

> pred.tree <- predict(bstSparse.tree, as.matrix(test[ ,1:57]))
> head(pred.tree, 5)
> predicted.tree.1 <- as.numeric(pred.tree > 0.5)
> tab <- table(predicted.tree.1, test$type, dnn=c("predicted","observed"))
> addmargins(tab)
         observed
predicted    0    1  Sum
      0    662   39  701
      1     22  427  449
      Sum  684  466 1150
```

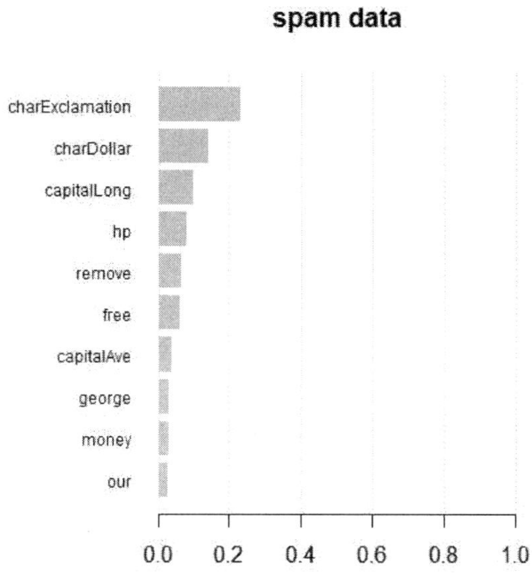

<그림 3> spam 데이터에 대한 G 부스팅 모형에서의 예측변수 중요도

```
> err <- (tab[1,2] + tab[2,1])/sum(tab)
> round(err, 3)
[1] 0.053
```

G 부스팅의 위음 예측율은 5.6%, 위양 예측율은 4.9%, 총 오류율은 5.3%이다. 앞에서 나무모형의 총 오류율이 10.3%였으니 크게 나은 결과이다.

<그림 3>은 예측변수 중요도를 보여준다. charExclamation, charDollar 등 상위 변수들이 모두 <그림 2>의 나무모형에서 나타나 있었다.

```
> x.importance <- xgb.importance(colnames(train[, 1:57]), model=bstSparse.tree)
> xgb.plot.importance(x.importance[1:10, ], xlim=c(0,1), main="spam data")
```

다음으로 랜덤 포레스트를 적용해보자.

```
> library(randomForest)
> library(kernlab)
```

```
> data(spam)
> str(spam)
> n <- nrow(spam)
> n.1 <- round(n*0.75)
> ids <- sample(1:n, n.1, replace=F)
> train.1 <- spam[ids, ]
> test.1 <- spam[-ids, ]
> str(train.1)
> str(test.1)

> RF.1 <- randomForest(type ~ ., var.importance=T, data=train.1)
> RF.1
                    Number of trees: 500
No. of variables tried at each split: 7
        OOB estimate of  error rate: 4.69%
Confusion matrix:
        nonspam spam class.error
nonspam    2042   62  0.02946768
spam         96 1248  0.07126949

> pred.1 <- predict(RF.1, newdata=test.1)
> tab.1 <- table(pred.1, test.1$type, dnn=c("predicted", "observed"))
> err.1 <- (tab.1[1,2]+tab.1[2,1])/nrow(test.1)
> addmargins(tab.1)
           observed
predicted nonspam spam  Sum
  nonspam     665   44  709
  spam         19  422  441
  Sum         684  466 1150
> round(err.1, 3)
[1] 0.055
> varImpPlot(RF.1, n.var=10)
```

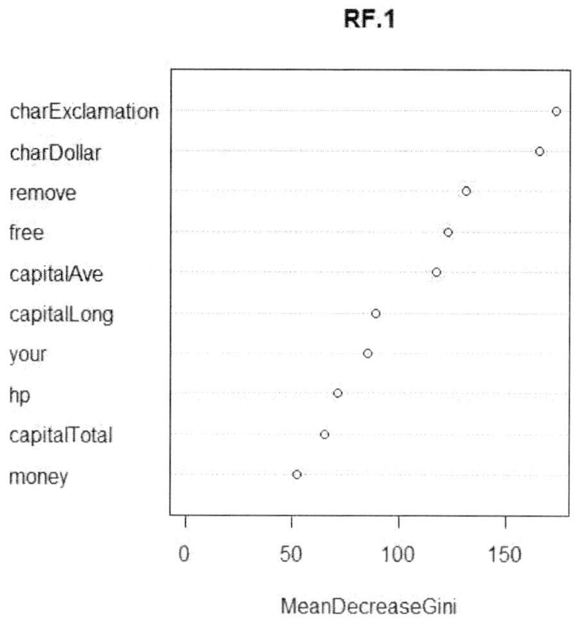

<그림 4> spam 데이터에 대한 랜덤 포레스트 모형에서의 예측변수 중요도

랜덤 포레스트의 위음 예측율은 6.2%, 위양 예측률은 4.3%, 총 오류율은 5.5%이다. 앞에서 G 부스팅의 총 오류율이 5.3%였으니 거의 비슷한 결과이다.

<그림 4>는 예측변수 중요도를 보여준다. charExclamation, charDollar 등 상위 변수들이 모두 <그림 3>의 G 부스팅에서도 나타나 있었음을 확인해보라.

결론적으로, spam 데이터에 대한 나무 모형, G 부스팅, 랜덤 포레스트를 비교해보면 1) 나무 모형에 비하여 G 부스팅과 랜덤 포레스트가 낫다는 것, 그러나 2) G 부스팅과 랜덤 포레스트는 엇비슷하다고 매듭지을 수 있다.

14.3 맺음말

G 부스팅, 즉 gradient boosting은 기본 모형에서 시작하여 모형의 개선을 수십 수백 단계에 걸쳐 개선시키는 순차적 방법론이다. 계산량이 많지만 그 만큼의 가

치가 있다. 많은 경우 랜덤 포레스트에 준하는 모형 성능을 보인다.

참고문헌

Chen, T. and Guestrin, C. (2016). "XGBoost: A Scalable Tree Boosting System". arXiv:1603.02754.

https://xgboost.readthedocs.io/en/latest/

허명회 외 (2015). 고급데이터분석, 데이타솔루션. [1장. 일반화 부스팅]

R 스크립트

xgboost mushroom.R

xgboost spam.R

찾아보기

저자 소개

허명회(許明會)

서울대학교 자연과학대학 계산통계학과 (졸업)
미국 스탠포드대학교 통계학과 대학원 (통계학 Ph.D.)
현) 고려대학교 정경대학 통계학과 교수

저서

R을 활용한 사회네트워크분석 입문
R을 활용한 행렬의 이해와 계산
R 프로그래밍
조사방법론 강의
법과 통계학
통계계산(Statistical Computing Using R) 외 여러 권

데이터 과학: 입문과 토픽

Data Science: Introduction and Topics

저 자 허명회
발 행 인 주정회
발 행 처 자유아카데미
주 소 경기도 파주시 회동길 37-42
파주출판도시
전 화 031-955-1321
팩 스 031-955-1322
홈페이지 www.freeaca.com
전자우편 main@freeaca.com (대표)
editor@freeaca.com (편집)
crm@freeaca.com (영업)
등 록 제406-2003-017호, 1980. 7. 12
제1판1쇄 2018년 5월 20일 발행
정 가 18,000원

ISBN 979-11-5808-189-8 93310